DYDDIADUR AMERICA

a phethau eraill

Dyddiadur America

a phethau eraill

D. DENSIL MORGAN

Argraffiad cyntaf: 2009

Rhif rhyngwladol: 978-1-84527-261-6

Mae'r cyhoeddwr yn cydnabod cefnogaeth ariannol
Cyngor Llyfrau Cymru

Cyhoeddwyd gan
Wasg Carreg Gwalch,
12 Iard yr Orsaf, Llanrwst, Conwy, LL26 0EH.
Ffôn: 01492 642031 Ffacs: 01492 641502
e-bost: llyfrau@carreg-gwalch.co.uk
lle ar y we: www.carreg-gwalch.co.uk

Argraffwyd a chyhoeddwyd yng Nghymru.

I
John a Falmai

Cynnwys

Y Daith i Fro Joseia   10

Dyddiadur America (2001)   15

Llythyr o America, neu 'Paced Princeton' (2008)   51

Rhagair

Hoffwn ddiolch i Myrddin ap Dafydd am ei barodrwydd i ymgymryd â'r cyhoeddi, i Rhys Llwyd am ddylunio'r clawr ac i Wasg Carreg Gwalch am daclusrwydd eu gwaith. Bu fy nghyfaill y Dr Jerry Hunter yn ddigon caredig i ddarllen y deipysgrif ac awgrymu amryw o welliannau ac mae'r gyfrol yn elwach o'r herwydd. Rwyf am ddiolch iddo hefyd am lunio cymeradwyaeth mor frwd. Ymddangosodd fersiynau o'r hyn sy'n dilyn yn *Barn*, *Seren Cymru* a'r 'Pedair Tudalen', sef y tudalennau a gyhoeddir yn wythnosl ar y cyd rhwng *Seren Cymru*, *Y Goleuad* a'r *Tyst*. Rwy'n ddyledus i'r golygyddion am roi gofod i'r darnau hyn yn y lle cyntaf. Mae'n bleser cyflwyno'r cwbl i un o'r golygyddion hynny, sef y Parchedig John Pritchard a Falmai, ei wraig, yn arwydd o gyfeillgarwch hyfryd sydd, erbyn hyn, yn ymestyn yn ôl yn bur bell.

Cyflwyniad

Yn yr ysgrif gyntaf a geir yn y gyfrol hon mae Densil Morgan yn trafod ei ymweliad â Gomer, Ohio. Disgrifia'r daith honno fel cyfle i wireddu hen freuddwyd neu 'fwriad.'

Nid ef yw'r Cymro cyntaf i ysgrifennu am y profiadau a ddaeth i'w ran ar ôl iddo groesi'r Iwerydd a cheisio ieuo swyn yr enw Americanaidd â realiti profiad. Dyna, er enghraifft, T. H. Parry-Williams a'r Grand Canyon ac, yn ddiweddarach, Iwan Llwyd a Far Rockaway. Ond mae'r daith a ddisgrifir yma yn wahanol i'r teithiau llenyddol eraill hynny gan fod perthynas yr awdur hwn â'r Unol Daleithiau yn wahanol. Er nad oedd wedi gweld Gomer â'i lygaid ei hun cyn 1989, nid oedd talaith Ohio yn dir estron iddo.

Ganed Densil Morgan ar 29 Mawrth, 1954 yn Lorain, Ohio. Brodor o'r Hendy, Pontarddulais, oedd ei dad-cu, Samuel Morgan; ymfudodd i'r Unol Daleithiau yn 1920 a chael gwaith ym melinau alcam Baltimore (yn nhalaith Maryland). Cyn i 1921 ddirwyn i ben roedd mam-gu Densil – Maggie Morgan, yn wreiddiol o Langyfelach, Abertawe – wedi croesi'r Iwerydd ac ymuno â'i gŵr. Daeth tri mab gyda hi, gan gynnwys tad Densil, Gilbert, a oedd yn saith oed ar y pryd. Yn debyg i ddegau o filoedd o Gymry a ymfudasai i'r Unol Daleithau o'u blaenau, Cymraeg oedd iaith yr aelwyd yn eu cartref newydd. Symudodd y teulu eto yn fuan ar ôl hyn pan gafodd Samuel waith yn niwydiant dur Mansfield, Ohio. Ymfudodd mam Densil, Mair Jones, o Dreforus i Ohio yn 1950 a phriodi'i dad y flwyddyn ganlynol. Ac yntau'n athro ysgol yn Lorain (tua 60 milltir i'r gogledd o Mansfield), cafodd Densil ei eni yn y dref honno ar lan llyn Erie. Yn 1958 – a Densil yn bedair oed – daeth ei fam ag ef i Gymru.

Mae yna lawer o Americanwyr o dras Gymreig ac mae yna rai

7

Americanwyr sydd wedi dysgu Cymraeg, ond prin iawn yw'r unigolion hynny heddiw sydd wedi'u geni yn yr Unol Daleithiau a'u magu yn Gymry – neu'n Americanwyr – Cymraeg. Mae Densil Morgan yn un o'r unigolion prin hynny; dysgodd ei Gymraeg gyntaf ar yr aelwyd yn Ohio. Ac yntau wedi ysgrifennu am yrfa'r diwinydd Cymreig-Americanaidd Ioan Llewelyn Evans, mae Densil ymysg yr ysgolheigion hynny sy'n astudio diwylliant Cymraeg America. Ond yn wahanol i'r rhan fwyaf ohonom sy'n gweithio yn y maes hwn, mae hefyd yn gynnyrch y Gymru Americanaidd yr ydym yn ei hastudio.

Ar y llaw arall, mae Densil wedi treulio'r rhan fwyaf o'i oes yma yng Nghymru, ffaith sy'n peri iddo weld gwlad ei enedigaeth o'r newydd drwy lygaid yr ymwelydd. Felly mae deuoliaeth amheuthun yn nodweddu'r ysgrifau hyn; ceir yma fyfyrdodau awdur sydd yn ysgrifennu am yr Unol Daleithialu 'o'r tu allan' ac 'o'r tu mewn' ar yr un pryd. Ceir deuoliaeth o fath arall yma hefyd: er bod dysg a difrifoldeb yr awdur yn hydreiddio'r gyfrol hon, mae cywair personol y dyddiadur yn cyflyru'r cyfan. Ac mae'r drafodaeth agos-atoch hon yn cynnig cipolwg ar ddau gyfnod tyngedfennol yn hanes diweddar yr Unol Daleithiau, gyda 'Dyddiadur' 2001 yn croniclo'r misoedd yn dilyn ymosodiad terfysgol 9/11 a 'Llythyr(au)' 2008 wedi'u hysgrifennu yn ystod yr ymgyrch arlywyddol a esgorodd ar fuddugoliaeth Barack Obama.

Os yw *Dyddiadur America a pethau eraill* yn trafod America'r 21fed ganrif, mae hefyd yn fodd i ni ystyried rhai agweddau ar hanes yr Unol Daleithiau. Wrth ddisgrifio'i daith i 'Fro Joseia' mae Densil Morgan yn ein hatgoffa o'r cyfnod cyffrous hwnnw yn y bedwaredd ganrif ar bymtheg pan oedd y Gymru Americanaidd yn ei hanterth, cyfnod pan oedd Cymry America yn gallu ymfalchïo yn y ffaith bod ganddynt lu o feirdd i ganu iddynt yn eu mamiaith a gwasg Gymraeg Americanaidd fywiog i gyhoeddi'r holl gynnyrch llenyddol hwnnw. Roedd llawer o'r awduron a ysgrifennai ar gyfer y wasg honno yn disgrifio'u darllenwyr fel 'Hil Gomer yn America' (gan gyfeirio at chwedl a fuasai'n boblogaidd ers yr Oesau Canol cynnar a oedd yn dal mai Gomer fab Japheth oedd y Cymro cyntaf). Dirywio fu hanes y traddodiad llenyddol Cymraeg Americanaidd yn ystod yr ugeinfed ganrif, ond wrth ddisgrifio'i ymweliad â *Gomer*, Ohio, mae Densil Morgan yn agor pennod newydd yn hanes y traddodiad hwnnw.

Jerry Hunter
Penygroes
Medi 2009

Y Daith i Fro Joseia

(1991)

Bu'n fwriad gen i fynd i Gomer ers deng mlynedd ar hugain. Ni wyddwn ddim amdano, p'un ai mai tref ydoedd neu bentref, p'un ai yng nghanol y wlad neu yn ymyl y ddinas, dim ond mai Gomer oedd ei enw, ei fod ymhell, bell o Gymru, yn nhalaith Ohio yn America, a bod emynydd o'r enw Josiah Jones wedi ymgartrefu yno flynyddoedd mawr yn ôl. Deuthum i wybod am y Josiah hwn, ac am ei gartref pellennig, ryw nos Sul hirfaith yn nechrau'r 1960au.

Yng nghapel Calfaria, Treforus, yr oeddwn yn ymyl fy mam-gu yn y sedd deuluol, ac yn gwneud fy ngorau i ddiddanu fy hun, yn grwt seithmlwydd oed yn ystod y bregeth. Ar un o 'Sabothau'r gwneud syms ar gloriau'r testamentau' ydoedd mae'n rhaid, fel y croniclodd Dafydd Rowlands mor gofiadwy yn un o'i gerddi, 'a'r Iesu'n besychiad sych yn llwnc y pregethwr, a'r pregethwr yn hen fel gwynt ar y mynydd'. Nid bod Mr Roberts, ein pregethwr ni, yn hen, hen, ond i grwt rhwyfus, prin ei amynedd a phrinnach, mewn gwirionedd, ei Gymraeg, roedd hyd y bregeth yn ddiddiwedd. Ymhlith yr ystrywiau a ddefnyddiwn i lenwi'r tragwyddoldeb Sabothol hwnnw oedd bodio'r *Llawlyfr Moliant Newydd* a cheisio dyfalu ynghylch rhai o'r mannau a restrwyd gyda'r awduron ar y tudalennau ôl. Nid oedd nemor ddim rhamant yn gysylltiedig â'r lleoedd cyfarwydd. Er mai seithmlwydd oeddwn, fe wyddwn am Abertawe, Castell-nedd a Chaerdydd ac yn y blaen. Nid oedd gennyf fawr syniad am unman ymhellach i'r gogledd nac Aberhonddu nac i'r gorllewin na Llanelli. Ond fe wyddwn am dalaith Ohio. Yno y cafodd Sam Morgan, fy nhad-cu, ei hun yn y 1920au 'er ceisio gloywach nen'. Nid ef oedd y cyntaf i adael y deheubarth, na'r gogledd ychwaith, am fywyd gwell yn yr Unol Daleithiau bid siŵr, ond erbyn degawd y dirwasgiad roedd y llif tua'r byd newydd wedi teneuo os nad wedi darfod er gwaethaf y cyni ym melinau alcam Cwm Tawe a Dyffryn Lliw. Ond mynd a wnaeth, a'i deulu ifanc yn ei ddilyn, ac yn eu plith fy nhad, yn grwt seithmlwydd ei hun. Felly pan welais yr enw Gomer, Ohio, yng nghefn y *Llawlyfr Moliant* y nos Sul honno tua deng mlynedd ar hugain yn ôl, addewais, er mai plentyn oeddwn, mai yno yr awn ryw ddydd.

Yn yr haf 1989 y llwyddais o'r diwedd i gyflawni fy addewid bachgennaidd. Ymweld â'r teulu yr oeddwn yn ardal Mansfield, hen ardal y melinau alcam yng nghanolbarth Ohio. Bu Sam Morgan a Maggie, ei wraig, yn gorwedd dan y gweryd yno ers blynyddoedd, ond roedd eu pobl yno fyth, sef fy nheulu innau o ochr fy nhad. Ni wyddai neb ohonynt am Gomer. Wedi troi at yr atlas darganfûm fod y lle tua phedwar ugain milltir i'r gorllewin, felly ar fore poeth o Awst dyma ni'n cyfeirio'r car tua dinas Lima a chychwyn ar y daith. Buom yn canu wrth fynd trwy Lexington, Bycurus, Sandusky a Beaverdam:

> O am ysbryd i weddïo
> Byw dan geisio Iesu gwiw,
> Gorsedd gras yw ne'r credadun
> Ar ei ddeulin gyda'i Dduw;
> Arglwydd cu, rho i ni,
> Anian ceisio gennyt Ti.

Hwyrach fod dwyster y geiriau a'u hysbryd defosiynol yn anghydnaws â'n hysgafnder ni wrth sylwi ar gyfoeth y wlad o'n cwmpas a'i gwastadrwydd cnydiog yn ymestyn tuag at bob gorwel. Ond gwyddom hefyd nad ni oedd y cyntaf i ganu'r penillion hynny ym mhaith amaethyddol Ohio mor bell o dir ein gwlad. Penillion emyn Josiah Jones oeddent, o'r emyn a welais yn yn *Llawlyfr Moliant* yn 1961 ac a gennwyd gennyf ddegau o weithiau wedi hynny mewn oedfaon ar y Sul*. Aeth ias trwof yn gymysg â'r tes wrth weld yr arwydd 'Gomer'.

Pentref gwledig, bychan ydoedd, ac ydyw o hyd, gydag ysgol, llythyrdy a chapel yn ei ganol. Ar dalcen y capel ceir i geiriau 'Welsh Congregational Chapel' ond roedd ei ddrysau ar gau. O grwydro'r lle gwelsom doreth o enwau Cymreig: Jenkins, Arthur, Jones, Tudor ac yn y blaen, wedi'u paentio'n daclus ar y blychau post ar waelod y llwybrau yn arwain at y tai yn ôl y ffasiwn Americanaidd. Ffasiwn Americanaidd arall, yn enwedig yn y wlad, yw cwhwfan y faner genedlaethol uwchben neu yn ymyl drws y tŷ. Ond yng Ngomer roedd y Ddraig Goch i'w gweld yn ogystal â baner y Sêr a'r Brithresi ar hyd y tai a'r gerddi. Gwelsom hefyd enwau cyfarwydd megis Llwyncelyn, Brynhyfryd a Ty'n-y-clawdd. Roedd y gair 'Croeso' wedi'i lythrennu'n lliwgar wrth ddrws un o'r cartrefi. Gan gymryd y perchnogion ar eu gair dyma ni'n mentro curo. Wedi esbonio'n gorchwyl, mai yno o ran cywreinrwydd yn ceisio gwybod mwy am bentref Gomer yr oeddem, croeso oedd yr union beth a gawsom. Brodorion o Lanbrynmair oedd rhieni Mr a Mrs George Jones, a ymfudodd i'r pentref yn gynnar yn yr ugeinfed ganrif. Cyrchfan i bobl Sir Drefaldwyn oedd Gomer yn bennaf, fel yr oedd pentref Venedocia, yn ymyl dinas Lima tua phymtheg milltir i ffwrdd, wedi denu pobl Sir Gaernarfon. Cyrhaeddodd y fintai gyntaf, Annibynwyr yr Hen Gapel, yn yr 1840au, a pharhaodd y llif am ddwy genhedlaeth a mwy.

'Ydych chi'n siarad Cymraeg?' Doedden nhw ddim, ond roeddent yn cofio clywed yr iaith yn cael ei siarad gan eu rhieni a'u cymdogion ac

---

*Ysgymunwyd emynau Josiah Jones o *Caneuon Ffydd* (2001) er dirfawr golled i ni i gyd.

Gomer, Ohio

yn y capel, er bod oedfaon Cymraeg wedi dod i ben tua 1936. Ac roedden nhw'n gwybod am Josiah Jones. Gŵr o Lanbrynmair, 'Joseia Bryn-mair' yn ôl ei enw barddol, a gyrhaeddodd y lle tuag 1850 a gweithio'i grefft fel saer. Bu'n ysgrifennydd y capel am chwarter canrif a maes o law yn glerc y dre. Roedd yn nodedig ymhlith Cymry America fel llenor ac emynydd. 'Hoffech chi weld ei fedd? Mae e wedi'i gladdu gyda gweddill yr hen bobl draw ym mynwent Tawelfan'.

Roedd yr haul yn crymu tua'r gorwel erbyn i ni gyrraedd Tawelfan yn hwyr y prynhawn. Buasai'n ddiwrnod ardderchog ar ei hyd gydag awel y cyfnos erbyn hynny'n bywiogi'n hysbrydoedd. Roedd y fynwent tua hanner milltir y tu draw i ffin ddwyreiniol y pentref mewn lloc yng nghanol y caeau ŷd. Roedd hi'n dawel – tawelwch ysgafn, awelog, cynnes ac nid y distawrwydd llethol sydd mor aml mewn mynwentydd. Roedd trydar calonnog yr adar yn ychwanegiad difyr at ysgafnder y prynhawn. Enwau Sir Drefaldwyn oedd ar y cerrig beddau: Bebb, Peate,

13

Tibbott, yn ogystal â'r Jonesiaid, y Wiliamsiaid, y Dafisiaid a'r Evansiaid disgwyliedig. Eithriad oedd gweld bedd nad oedd arno Gymraeg. Mae rhai pobl yn meddwl mai peth morbid yw mynwenta. Nid felly y tro hwn. Ar brynhawn tesog o Awst, yng nghanol caeau ŷd Ohio, roeddem yn teimlo fod breuddwydion cenedlaethau o ymfudwyr am fyd gwell eto'n fyw. Roedd beddrod Josiah Jones a'i deulu lluosog tua chanol y fynwent, ei golofn farmor uchel yn arwydd o'i statws ymhlith yr amaethwyr. Nid nepell oddi wrtho, ymhlith amaethwyr, blaenoriaid, pregethwyr, gwragedd lu a meddyg cyntaf y pentref, roedd bedd plaen John Roberts Jones, ŵyr i'r 'J. R.' hwnnw a fydd â'i enw yn fythol gysylltiedig â radicaliaeth Ymneilltuol, yr Hen Gapel a thraddodiad Llanbrynmair. Yno, dros dair mil o filltiroedd i ffwrdd o Sir Drefaldwyn, mewn gwlad arall ac mewn byd dieithr, roedd rhes ar ôl rhes o blant Carno, Llanbrynmair a'r broydd cyfagos, yn huno'n dawel a'r cyfnos yn cau amdanynt am y milfed tro a mwy. A chyda hynny roedd hi'n bryd i ni ymadael.

Ni wn p'un ai af fi fyth yn ôl i Gomer. Ond un peth a wn. Pan gaf fi gyfle i droi at emyn 440 yn y *Llawlyfr Moliant* ac erfyn am 'wenau'r Ysbryd Glân', bydd yr atgof am brynhawn tesog yn nhalaith bellennig Ohio i mi yn fythol fyw;

Rhown ein llef tua'r nef
Am ei ddylanwadau Ef.*

*Erbyn hyn ceir manylion am Gomer a'i hanes gan gynnwys gwybodaeth am Josiah Jones ym Mhrosiect Cymry-Ohio ar wefan Llyfrgell Genedlaethol Cymru.

Dyddiadur America

(2001)

Sadwrn 15 Medi 2001

3.15 o'r gloch y pnawn a dyma ni yn yr awyr. Wrth i'r awyren Boeing 777
(sydd ond yn dri chwarter llawn) godi uwchlaw glaw a chymylau
Manceinion i'r glesni tesog fry, y syndod yw mod i yma o gwbl.
Rhoddwyd taw brawychus ar y paratoi i fynd i'r Unol Daleithiau bum
niwrnod yn ôl gan ddigwyddiadau enbyd Efrog Newydd a Washington.
Roedd gweld y difrod ar Dyrau Marchnad ynys Manhattan bnawn
Mawrth yn arswydus ar y pryd, ac ni wnaeth y mynych ailadrodd ar y
teledu – yr awyren yn ffrwydro a'r adeiladau yn dymchwel – nemor
ddwysáu erchyllterau'r trychineb. Y peth cyntaf a wnaed oedd atal pob
hedfan oddi mewn i'r Taleithiau a'r peth olaf a ddisgwyliwn oedd y
byddwn yn hedfan heddiw. Ond yn ôl cyfarwyddiadau'r cwmni
awyrennau ar y we – roedd ffonio'n dasg amhosibl gan gymaint
prysurdeb y llinellau – byddai ffleit 11.00 y bore yn gadael ar amser felly
dyma ni'n mentro draw. Anarferol ddistaw oedd y maes awyr ben bore,
a phresenoldeb heddlu arfog yn amlycach na'r troeon y bûm yno o'r
blaen. Cryn syndod i mi (ac i Ann a'r plant) oedd sylweddoli fod y
trefniadau yn dal, felly dyma fi, wedi ffarwelio â'r teulu am y tri mis nesaf
ar fy ffordd i dreulio tymor sabothol yn Athrofa Ddiwinyddol Princeton
yn New Jersey. Er gwaethaf y disgwyl eiddgar ers misoedd a manylder y
paratoi, mae trychineb y tyrau a chyhoeddi rhyfel cyntaf yr unfed ganrif
ar hugain wedi tynnu'r sglein oddi ar yr achlysur, braidd, i mi.

Fodd bynnag mae'r haul yn danbaid bum milltir uwchben Môr yr
Iwerydd a dau gymar anghydnaws yn gwmni i mi: cofiant trwchus

newydd Geoffrey Wainwright i'r Esgob Lesslie Newbigin a nofelig Truman Capote *Breakfast at Tiffany's*!

Pallu a wna cyfaredd cymeriad canolog y nofel Holly Golightly (a chwaraewyd mor gofiadwy gan Audrey Hepburn yn y ffilm flynyddoedd yn ôl) wrth agosáu at yr olygfa uwchben Manhattan. Mae mwg y concrid maluriedig yn dal i ymgordeddu fel colofn niwl y dydd yn y pellter, a bwlch rhwth ble bu'r Tyrau Masnach ar ben Wall Street. Ac mae Cofgolofn Rhyddid yn y bae yn syllu ar y cyfan yn ddiymadferth fud. Bydd yr olygfa athrist hon, gwaetha'r modd, yn aros yn y cof yn hir.

Sul 16 Medi 2001

Didrafferth oedd y glanio yn Newark neithiwr, a'r daith hanner can munud i Princeton yn ddi-fai. Cyrhaeddais y llety – Payne Hall yn Alexander Street ar gampws yr athrofa – yn ddi-boen, a darganfod fflat moethus wedi'i ddarparu ar fy nghyfer. Dyma fydd fy nghartref tan y Dolig; fy musnes i fydd ei wneud yn gysurus, yn gartref oddi cartref fel petai.

Wedi deffro'n blygeiniol cerddais ar draws y campws i gapel mawreddog y Brifysgol ar gyfer oedfa'r bore. Dyma'r Sul cyntaf wedi'r trychineb ac ni wyddwn beth i'w ddisgwyl. Roeddwn mewn dau feddwl pun ai dylwn fynd i'r cwrdd ai peidio. Galar America fydd y galar heddiw a theimlwn mai busnesu y byddwn ym mywydau pobl ddieithr. Ond roedd yr addoli'n urddasol, canu'r côr o fyfyrwyr (oll yn gwisgo lliw oren eu prifysgol uwchben eu gynnau duon) yn *gwbl* ardderchog, a'r anthem 'O God beyond all praising/ We worship you today' ar dôn gan Gustav Holst yn wefreiddiol. Anerchiad call, ystyriol gan economegydd o Almaenwr sy'n ymchwilydd yng Nghanolfan Woodrow Wilson cyn y bregeth, a'r angen am gymod a dealltwriaeth ryngwladol yn nodyn amlwg trwyddi draw. Roedd y litani a'r gweddïau o ymbil yn neilltuol ddwys. Roedd y dyhead am gysur ac am 'Air oddi wrth yr Arglwydd' i'w deimlo yn amlwg iawn, a dyna a gafwyd. Oedfa weddus dros ben.

Roedd y borfa'n las wrth gerdded yn ôl i'r llety a'r gwiwerod dirifedi yn sboncio rhwng brigau'r coed. Mae'r tywydd yn desog hafaidd er bod semester yr hydref wedi cyrraedd. Gobeithio yn wir y deil.

Gwener 21 Medi 2001

Dyma fi erbyn hyn yn dechrau cyfarwyddo â'r lle, a thra chyfareddol ydyw hefyd. Sefydlwyd y brifysgol mor bell yn ôl ag 1746 – 30 mlynedd cyn creu yr Unol Daleithiau – gan fintai fechan o weinidogion Presbyteraidd gyda'r pwrpas o gyfrannu addysg, yn weinidogaethol ac yn lleyg, i'r 'Tiriogaethau Canol' fel y'u gelwid. Man sefydlu 'Coleg New Jersey' oedd treflan Elizabeth i'r gogledd o'r fan hyn cyn symud i Newark o fewn golwg i Efrog Newydd, ac yna, yn 1756, i'r dref hon. 'William of Orange and Nassau' yw'r tywysog y telir gwrogaeth iddo yn enw'r lle, ac mae Neuadd Nassau, a'i muriau wedi'u gorchuddio â thrwch o eiddew, yn ganolbwynt i'r brifysgol o hyd. Yr eiddew, wrth gwrs, ynghyd â'i hynafiaeth, sy'n nodi fod y coleg yn cael ei ystyried yn un o'r 'Ivy League'. Mae'r dref yn fechan ac yn dwt. 12,000 o boblogaeth sydd yma o'i chymharu â'r 18,000 sydd ym Mangor gyda chwe mil o fyfyrwyr i ateb yr wyth mil sydd ar lannau'r Fenai erbyn hyn. Ac er bod lleoliad Bangor rhwng mynyddoedd ysgythriog Eryri a glesni'r môr yn rhagori ar y lleoliad hwn, does fawr gystadleuaeth rhwng y ddau. Cyfoeth anhygoel, steil diamheuol, glendid a thaclusrwydd ynghyd a gogoniant pensaernïol, dyna sy'n taro dyn bob cynnig. A hyd yma mae'r Haf Bach Mihangel yn parhau.

Yfory rwyf am fentro i mewn i Efrog Newydd. Tybed sut olwg fydd yno wythnos a hanner wedi'r gyflafan fawr?

Sul 22 Medi 2001

Wrth gasglu fy nhocyn trên yng ngorsaf y 'Dinky' ddoe – y 'Dinky' yw'r trên bach sy'n cysylltu â thrên mawr yn Princeton Junction ar y brif lein rhwng Philadelphia ac Efrog Newydd – gwelais boster â llun merch sydd o hyd ar goll yn rwbel y Tyrau Masnach er un diwrnod ar ddeg yn ôl. Dyma'i theulu yn 'gobeithio yn erbyn gobaith' mae'n amlwg yn y disgwyliad y gallai hi fod yn fyw o hyd. Byddaf wedi gweld ugeiniau o luniau a phosteri tebyg cyn diwedd y dydd, yn dystion huawdl i bathos y trychineb a greithiodd y wlad fawr hon mor ddwfn. Canmoliaeth sydd i George W.Bush yn dilyn ei araith hanesyddol gerbron y Gyngres a'r Senedd pa noswaith, er bod rhai yn ofnus ynghylch posibilrwydd Trydydd Rhyfel Byd. Cynhaliodd y myfyrwyr brotest heddwch ar sgwâr y dref neithiwr ac annog y gwleidyddion i beidio â thalu trais am drais. Ond lleiafrif oeddent, mae'n amlwg. Mae'r mwyafrif llethol o blaid polisi yr Arlywydd ac yn eiddgar i dalu nôl. Mae baner America – y 'Sêr a'r Brithresi' – i'w gweld ymhobman, ar dacsis, lorïau ac ar lapels pobl yn y stryd, ac mae hyd yn oed y lleiaf gwlatgar wedi'u cyffwrdd gan y don o deimladrwydd sydd wedi ysgubo'r wlad. Nid yw Princeton syber yn eithriad yn hyn o beth.

Tuag awr oedd hyd y daith i orsaf Pennsylvania Street yn ymyl Madison Square Gardens yng nghanol Manhattan. Roedd pobl y ddinas yn brysur yng nghanol eu gorchwylion fel erioed, ond mae'r ddinas yn dawelach, yn fwy ystyriol, yn ddwysach medde nhw. Anelais am 5th Avenue a dod ar draws y cysegr i'r anffodusion ar Union Square, Broadway. Roedd y lle wedi'i orchuddio gan flanced o flodau a'i oleuo gan filoedd o ganhwyllau bach er cof am y rhai a fuont farw. Arwyr y dydd – ar wahân i Rudi Giuliani, y maer – yw gwŷr yr ambiwlans ac yn arbennig y dynion tân. Pan ddaeth mintai ohonynt i mewn i'r caffe ble roeddwn yn bwyta neithiwr, eu cymeradwyo a gawsant gan y bwytawyr a chael pryd o fwyd am ddim. Ni chaniateir i neb fynd yn agos i 'Ground Zero' ar waelod Manhattan, lle digwyddodd y gyflafan, ond o syllu ar hyd 5th Avenue gwelwn fwg a tharth yn y pellter o hyd.

Fel y Sul diwethaf mynychais gapel ysblennydd y brifysgol y bore 'ma. Er bod y bregeth heddiw yn well, ni chefais gymaint flas ar yr oedfa ar ei hyd. Roedd 'iaith gymhwysol' y litwrgi yn newydd i mi – sylwais i ddim arni y tro o'r blaen. Ni chyfeirir at y Bod Mawr fel 'Ef' neu 'Arglwydd' neu fel 'Tad'. Mae pob rhagenw gwrywaidd wedi'i alltudio er mwyn peidio â thramgwyddo neb. Ni chaniateir hyd yn oed yr 'Ein Tad': 'Our *God* who is in heaven' a weddïodd bawb. Ni chyfeirir ychwaith at Grist y Mab. Fy ofn ynghylch hyn yw nid yr awydd gymeradwy i fod yn agored ac yn groesawgar i bawb, ond y perygl y gallai ideoleg seciwlar – boed yn ffeministiaeth neu yn unrhyw 'aeth' arall – ystumio'r datguddiad yn yr Ysgrythur a'i hamddifadu o'i grym achubol. Ni fynnwn farnu serch hynny. Cawn weld p'un ai dof i arfer â'r peth ai peidio.

Mawrth 24 Medi 2001

Bore rhwystredig. Archebais ffôn yr wythnos diwethaf er mwyn ymgysylltu â gartref heb orfod mynd drwy'r operator. Roedd e fod i gyrraedd ddoe ond dim smic amdano ar ôl aros i mewn amdano drwy'r dydd. Dyma fi'n cysylltu â'r cwmni y bore 'ma a darganfod eu bod nhw wedi gosod y llinell i mewn ond bod rhaid i mi brynu fy handset fy hun. Felly dyna $90 ar gyfer handset heb sôn am y $25 – tua £15 – a delais er mwyn torri ngwallt! A maent yn dweud fod pethau'n rhatach yn y wlad hon!

Neithiwr ffeindiodd ceiliog rhedyn ei ffordd i mewn i'r tŷ a neidio ar y soffa ar fy mhwys. Rhyw fath o sioncyn gwair anferth ydoedd ac yn wyrdd ei liw. O weld ei faint does dim rhyfedd fod plant yr Ecsodus yn ofni plâu locustiaid. Y gwahaniaeth mawr rhwng y wlad hon – hyd yn oed lle mor drefol â Princeton – a gartref wedi iddi nosi yw synau'r nos. Crawc a chrafiad y ceiliogod rhedyn yn diasbedain yn y tywyllwch. Er mor uchel eu cloch, buan y daw dyn yn gyfarwydd â'r sŵn.

Mercher 25 Mai 2001

Cinio'r 'faculty' am hanner dydd heddiw a chyfle i ddod i adnabod aelodau'r staff. Mae tua hanner cant ohonynt i gyd yn dysgu pob gwedd ar wyddor crefydd a diwinyddiaeth. Cael cwmni Daniel Migliore wrth y bwrdd. Athrawiaeth Gristionogol yw ei bwnc ac yntau, fel finnau, yn edmygydd o waith Karl Barth. Trafod yr adfywiad yng ngwaith Barth yma ac ym Mhrydain yn ystod y blynyddoedd diwethaf. Un o'r pethau a'm denodd i yma ar gyfer y tymor sabothol hwn oedd y cyfle i gwrdd â rhai fel George Hunsinger, Bruce McCormack a Robert Jenson sydd wedi cyfrannu at yr adfywiad hwnnw, heb sôn am Migliore ei hun.

Mynegodd Migliore ddiddordeb yn R.S.Thomas, Abercynon (nid y bardd) pan soniais amdano, sef y dyn yr wyf dan rwymedigaeth i wneud gwaith ymchwil arno tra fy mod i yma. Roedd y Cymro hwnnw a fu'n fyfyriwr i Charles Hodge a'i fab A.A.Hodge yn y bedwaredd ganrif ar bymtheg, yn awdur diwyd dros ben. Gobeithio bydd gennyf ddigon o ddeunydd ar gyfer ysgrif neu ddwy erbyn y Dolig. Amheuthun yw dod o hyd i lythyrau o'i eiddo yn y llyfrgell yma, ac ar ben hynny mae ganddynt bob un o'i lyfrau, a'r rheini yn Gymraeg. Mae yma hefyd, fel sydd yn Llyfrgell Prifysgol Bangor, rediad cyfan o'r cylchgrawn rhyfeddol hwnnw *Y Cyfaill o'r Hen Wlad.* A dyma fi'n palu tiroedd New Jersey, dair mil o filltiroedd o'r hen wlad!

Gwener 29 Mai 2001

Gwahoddiad i fynychu parti bychan yn y neuadd lle rwy'n byw a chyfarfod fy nghymdogion am y tro cyntaf. Pâr ifanc o Hwngari, yntau'n weinidog Presbyteraidd sy'n astudio ar gyfer ei PhD, sydd ar y llawr uwchben. Pâr ifanc arall o München ar eu pwys; ysgolhaig Testament Newydd ydyw yntau a fferyllydd yw ei wraig. Roedd Saesneg y ddau ohonynt mor llithrig, cywir a diwylliedig nes peri cywilydd i mi. Efengyl Ioan yw ei bwnc a bu'n fawr ei ganmoliaeth o gyfrol ddiweddar Catrin Williams, fy nghydweithiwr ym Mangor, ar yr ymadroddion 'Myfi yw'. Soniodd yn edmygus am Margaret Thrall hefyd a'i hesboniad mawreddog ar Ail Lythyr Paul at y Corinthiaid. 'Bangor must be a very scholarly place!' meddai. Pwy oeddwn i i anghytuno! Mae yma hefyd weinidog Presbyteraidd o Berne yn y Swistir, gŵr siriol a difyr o'r enw Dieter (deuthum i wybod yn ddiweddarach mai Dieter Zellweger ydoedd, sy'n ŵyr, credwch neu beidio, i Karl Barth ei hun!), ac athro Hen Destament o Moscow a'i wraig. Mae'r lle fel Tŵr Babel a minnau'n Gymro bach yn eu plith.

Erbyn hyn mae tymor yr hydref yn dechrau gafael a'r dail yn dechrau troi'n goch ac yn felyn ac yn bob math o aur. Mae'r lliwiau yn rhyfeddod gwirioneddol.

Llun 1 Hydref 2001

Ddoe euthum i mewn i Philadelphia. Troes hi'n aeafol o oer a minnau heb gôt. Ac yna daeth i fwrw glaw ac ar ben hynny collais fy ffordd yn ôl i'r orsaf drenau. Diwrnod methiannus, braidd.

Ond roedd dau beth a fydd yn aros yn y cof. Sylwi i ddechrau ar gymaint o enwau lleoedd Cymraeg a Chymreig: Berwyn, Gwynedd, Merion, Bala Cynwyd, Penllyn, Llannerch a Bryn Mawr heblaw am y mannau mwy 'deheuol', Haverford, Milford a Narberth. Dyma ni yn ôl yn syth gyda Rowland Ellis, Crynwyr Sir Feirionnydd a nofelau Marion Eames. Mae'n rhyfedd fel mae'r Gymraeg wedi ymwreiddio yn naearyddiaeth Philadelphia mewn ffordd na wnaeth erioed mewn mannau eraill o'r wlad. Paddy's Run, Scranton, Remsen, Utica, Oak Hill: Saesneg yw'r enwau hyn i gyd, o leiaf nid ydynt Gymraeg, er i'r Gymraeg gael ei siarad ynddynt, fel prif iaith yn aml, am genhedlaeth a mwy. (Dylwn ddweud, serch hynny, fod Capel Cerrig, Penmynydd a Chapel Uchaf i'w gweld yn Remsen, a bod man bach o'r enw Arvon i'w gael yn Virginia). Ond cyrraedd yn hwyr a wnaeth y Cymry i'r mannau hyn, dechrau a chanol y bedwaredd ganrif ar bymtheg gan mwyaf, a'r lleoedd eisoes wedi'u gwladychu gan genhedloedd eraill. Daeth y Cymry yn gynnar i Philadelphia, yn nyddiau William Penn, er i'r Gymraeg ddiflannu oddi ar dafod leferydd ymhell cyn i lowyr Morgannwg gyrraedd Scranton a Wilkes-Barre a chwarelwyr Arfon ymwreiddio yn Vermont.

Digwyddodd yr ail beth yn Eglwys Sant Marc. Roedd hi'n glawio ddiwedd pnawn a minnau'n cerdded heibio i ddrws eglwys a'r gynulleidfa eisoes wedi mynd i mewn. Prynhawnol weddi neu'r gosber oedd hi yn ôl yr hysbysfwrdd y tu allan. Anglicaniaeth uchel, uchel, uchel oedd dull y gwasanaeth erbyn imi eistedd i lawr a'r eglwys gothig yn dywyll, fel Eglwys Mair Fadlen – 'Mary Mags' – yn Rhydychen gynt. Ac yna gwelais rywbeth na welais erioed o'r blaen sef defod bendithio'r sagrafen sanctaidd. Gosodwyd yr afrlladen mewn monstrans a'i dyrchafu fel y gallai bawb ei weld, ac yna ei harogldarthu. Nid cymun nac offeren ydoedd ond yn hytrach symbol o bresenoldeb Crist ymhlith ei bobl. Tybed beth fyddai barn Mr Gruffydd Thomas, Pontarddulais, am beth fel hyn?

Ac yna adref â fi at Brotestaniaeth syber, gysurus, ddiwygiedig Princeton a'i thyrau urddasol. Roedd hi'n braf cael bod yn ôl.

Mercher 3 Hydref 2001

Cinio'r 'faculty' heddiw a minnau'n cael cwmni hen ŵr duwiol, dysgedig a hynod o fwyn o'r enw Bruce Metzger. Mae'n 85 oed, yn athro emeritws ers pymtheng mlynedd, ac yn rhan o'r sefydliad ers dros hanner canrif a mwy. Dyma fe'n dechrau holi am Gymru. 'I bought a Welsh grammar once', meddai, 'but I'm afraid it was beyond me'. Hynny gan ddyn gyda'r mwyaf dysgedig yn yr athrofa ac yn feistr corn ar tua dwsin o ieithoedd! Siaradodd yn annwyl iawn am W.D.Davies, yr ysgolhaig Testament Newydd o Lanaman gynt. Soniodd am y ddau ohonynt yn mynd â'u plant i'r syrcas yma yn Princeton flynyddoedd yn ôl pan oedd W.D. ar staff y Brifysgol. Roeddent hwy'll dau ymhlith cyfieithwyr fersiwn awdurdodedig newydd y Beibl Saesneg yn yr 1960au. Ni wyddai fod ei hen gyfaill wedi marw ers tua deufis a gwelwodd, braidd, pan ddywedais hynny wrtho. Diflas o beth, mae'n rhaid, yw gweld hen gydnabod yn diflannu fel hyn.

Gwener 5 Hydref 2001

Tri pheth sy'n nodedig am Princeton: y brifysgol, yr athrofa a brwydr fawr a ddigwyddodd yn 1777.

Sefydlwyd yr athrofa yn 1812 pan fynnai'r Presbyteriaid sicrhau

23

Yr awdur a'i fab yn archwilio maes brwydr Princeton

hyfforddiant diwinyddol i'w hymgeiswyr am y weinidogaeth ar wahân i'r ddysg gyffredinol oedd yn cael ei chynnig yn y brifysgol ar y pryd. Archibald Alexander oedd y prifathro cyntaf, gŵr mawr a dysgedig iawn, ond mae'n debyg mai Charles Hodge, a ddaeth yn gynorthwywr iddo, oedd yr enwocaf a'r pwysicaf o ddiwinyddion Princeton yn y dyddiau cynnar. Bu yma am ddegawdau a chafodd ei waith gylchrediad helaeth gan gyrraedd Cymru yn y man. Cyfieithwyd peth o waith Hodge i'r Gymraeg. Mab Hodge, sef Archibald Alexander Hodge, oedd yn flaenllaw pan gyrhaeddodd R.S.Thomas yn 1879 ac fel 'Archie' yr adnabuwyd ef gan ei fyfyrwyr. Mae'n dda gwybod nad peth newydd yw i fyfyrwyr roi glasenwau ar eu hathrawon. Y Cymro diwethaf i astudio yma mor bell ag y gwn i yw Vivian Jones, yr Alltwen, a wnaeth radd meistr (rwy'n credu) yn y 1970au ac yntau'n weinidog yn America ar y pryd. Byddai'n dda iawn petai Vivian, a gafodd yrfa mor amrywiol ac sy'n llenor mor dda, gofnodi'i brofiadau a'i atgofion am ddwy ochr Môr

Iwerydd. Byddai hynny'n ddogfen ddiddorol dros ben.

Ar ddiwedd y pnawn euthum i lawr i weld maes brwydr 1777. Roedd hi'n odidog o braf a'r heulwen yn machlud trwy frigau'r coed euraidd yn eu dail. Gwelais y man lle syrthiodd Hugh Mercer, cyfaill pennaf George Washington ac un o arwyr annibyniaeth America. Dywedodd rhywun mai un o'r gwahaniaethau rhwng Cymro a Sais yw i'r Cymro fod o blaid gwrthryfel 1776 tra bo'r Sais o hyd yn ddig! Nid dyn dig oeddwn i wrth gerdded yn ôl a'r noswaith fwyn yn cau amdanaf.

Mawrth 8 Hydref 2001

Canodd y ffôn nos Sadwrn diwethaf a llais cyfarwydd fy hen gyfaill Donald Allchin yn fy nghyfarch. Nid o'i gartref yn Nhrem yr Wyddfa, Bangor Uchaf, yr oedd yn galw y tro hwn ond o ganol ynys Manhattan. Roedd ef newydd gyrraedd Efrog Newydd ar gyfer cyhoeddiad i bregethu ar y Sul, i annerch mewn cyfarfod wythnos ac yna i gymryd rhan mewn cynhadledd ar yr awdur Thomas Merton y mae'n gymaint awdurdod ar ei fywyd a'i waith. 'You must come over and see me', meddai, 'It'll be fun!' Felly dyma fi'r bore 'ma yn anelu am y trên bach – y 'Dinky' – i Princeton Junction ac yna i mewn i ddinas Efrog Newydd.

Roedd gen i ddeunydd darllen difyr iawn ar y ffordd. Wrth wibio heibio i New Brunswick ac Elizabeth roedd fy nhrwyn yn ddwfn yn *Cofiant y Parch. Howell Powell, New York* (1875) gan Thomas Levi. Brodor o Ystradgynlais oedd y gwrthrych a amddifadwyd o'i dad a'i fam yn gynnar iawn a'i yrru i fyw at fodryb yn Nhredegar. Bu'n gweithio dan ddaear am flynyddoedd cyn anelu am y byd newydd i geisio dedwyddach fyd. Roedd hanes y fordaith chwech wythnos o Lerpwl dros yr Iwerydd yn arswydus a'r daith oddi yno i Pittsburg, Pennsylvania, ar hyd camlesi cyntefig a ffyrdd anwastad os rhywbeth yn waeth. Ond wedi cael gwaith yn y pyllau glo symudodd ef a'i deulu i Cincinnati, Ohio, a'i ordeinio yno gan yr henaduriaeth a dod ymhlith y mwyaf ymroddgar o bregethwyr Americanaidd y Methodistiaid Calfinaidd Cymraeg. Symudodd wedyn i Efrog Newydd ac yno y bu farw yn ei flodau yn 55 oed. Benthyciwyd y gyfrol o lyfrgell yr athrofa yn un o lawer o lyfrau Cymraeg sydd yno. Pwy, tybed, sy'n eu darllen? Roedd hi'n dda gennyf weld bod rhywun wedi bod yn gwneud marciau ymyl y ddalen, ond cyn i'r llyfr gyrraedd fel rhodd i'r llyfrgell y bu hynny rwy'n credu. Cyhoeddwyd toreth o lyfrau Cymraeg yn America yn y bedwaredd ganrif a'r bymtheg ac mae'n hen bryd i rywun wneud astudiaeth drylwyr ohonynt.* Byddai hynny yn taflu goleuni gwerthfawr ar wedd ddiddorol iawn o hanes ein gwlad.

Wedi cyrraedd gorsaf Pennsylvania Street, anelais am eglwys fach dlos rhwng 5th Avenue a Broadway sef Eglwys y Gweddnewidiad. 'The Little Church Round the Corner' yw ei henw ar lafar dinas os nad llafar gwlad, am i glerigwr ffroenuchel mewn eglwys barchus wrthod priodi pâr o actorion amharchus yno flynyddoedd yn ôl a'u cynghori i fynd yn hytrach i drïo'u lwc yn yr 'eglwys fach rownd y gornel'. 'Wel bendith ar yr eglwys fach rownd y gornel' meddai'r actor dig a'i ddarpar wraig, a glynodd yr enw hyd y dydd heddiw. Yno, yn y rheithordy yng nghwmni'r ficer, Charles Miller, a Judith, ei wraig, y gwelais Donald a chafodd y pedwar ohonom ginio ac ymgom pleserus dros ben.

Os oedd y Canon Allchin yn pregethu yno'r Sul diwethaf,

---

*Gweler erbyn hyn erthygl Jerry Hunter, ' Y Traddodiad Llenyddol Coll', *Taliesin* 118 (2003), tt.13-44 ac ysgrif Eirug Davies, 'Llyfrau a phamffledi Cymraeg a gyhoeddwyd yn yr Unol Daleithiau', *Llên Cymru* 26 (2003), tt. 106-36; ceir cyfeiriadau pwysig yn Aled Jones a Bill Jones, *Welsh Reflections: Y Drych and America*, 1851-2001 (2001) ac yng nghyfrolau Jerry Hunter *Llwch Cenhedloedd: Y Cymry a Rhyfel Cartref America* (2003) a *Sons of Arthur, Children of Lincoln: Welsh Writing from the American Civil War* (2007).

digwyddodd i Archesgob Cymru fod yno fis yn ôl. Roedd ef yn aros gyda Charles Miller ar 11 Medi pan ddigwyddodd y gyflafan yn y Tyrau Marchnad. Gadawodd yr achlysur argraff ddofn arno a'i anerchiad gerbron Corff Llywodraethol yr Eglwys yng Nghymru wedi iddo ddod yn ôl yn sobreiddiol iawn. Dyma'r peth callaf a ddarllenais eto yn sgil y trychineb a diffiniad Rowan Williams o'r eglwys – corff o bobl yr ydych wedi dewis marw yn eu cwmni – yn drawiadol iawn. Gobeithio y cafodd ac y caiff ei sylwadau gylchrediad eang iawn.*

Mae hiraeth arnaf erbyn hyn am weld y teulu. Byddant yma, os byw ac iach, am bythefnos o wyliau ddydd Sadwrn sy'n dod.

Sul 21 Hydref 2001

Dyma fi'n ailafael yn y cronoleg gyda llu o bethau wedi digwydd yn ystod yr wythnos a hanner diwethaf.

Cyrhaeddodd Ann a'r plant wythnos i ddydd Gwener a threuliom y penwythnos yn ceisio cynefino o'r newydd â bywyd teuluol. A minnau wedi arfer erbyn hyn â'm cwmni fy hun, bu'r cwbl yn dipyn o sioc i'r system. A chleber y plant – bobol bach! Ond mae hi wedi bod yn hyfryd cael bod yng nghanol y cynnwrf a'r bwrlwm. Aethom am dro i Efrog Newydd ddydd Llun a nôl i'r coleg erbyn seminar George Hunsinger ar Karl Barth (*Y Ddogmateg Eglwysig* IV/1) am hanner awr wedi saith. Bydd gennyf fwy i'w ddweud am yr astudiaeth honno yn y man. Am y diwrnod yn y ddinas, blinedig, braidd, i bawb.

Ond bore Mercher dyma ni'n hurio cerbyd ac anelu am Washington DC. Synnodd staff y coleg at ein ysbryd mentrus. Mae'r wlad fel pe

---

* Cyhoeddodd Rowan Williams ei sylwadau yn *Writing in the Dust: Reflections on 11th September and its Aftermath* (2002).

mewn parlys o ofn ar gyfrif posibilrwydd rhyfel bacterialegol. Cawsom fod y brifddinas yn wag a'r Senedd wedi'i gwasgaru am y tro am i ddau ddwsin o weithwyr y Capitol dderbyn llythyrau trwy'r post ag ôl anthrax arnynt. Cawsom lety o fewn tafliad carreg i'r adeilad hardd hwnnw a'r lle, i bob pwrpas, i ni'n hunain. Bûm i yn Washington unwaith o'r blaen, dros ugain mlynedd yn ôl erbyn hyn, yng nghwmni Gareth fy nghefnder. Roedd ef yn byw yn Baltimore, Maryland, ar y pryd ac yn gwneud ei fywoliaeth fel 'first officer' ar y môr. Ychydig o gof oedd gen i am y lle er i ni weld y golygfeydd i gyd – y Capitol, y Tŷ Gwyn, cofeb Lincoln a chofeb Washington ac yn y blaen.

Fodd bynnag, dyma ni'n deulu cyfan y tro hwn a'r golygfeydd yno o hyd. Harddwch canol y ddinas sy'n drawiadol a'i natur bwerus, fawreddog. Ond eto, oherwydd y perygl tybiedig o ymosodiad gyda nwy anthrax, roedd y lle yn od o dawel. Ond roedd Georgetown yn ymyl yn fywiog dros ben. Dyna gartref Dewi Llwyd a Nia am flwyddyn pan oedd Dewi'n fyfyriwr ôl-radd yn y brifysgol yma flynyddoedd yn ôl. Cefais wybod fod Dewi wedi ceisio fy ffonio tua phythefnos yn ôl o'r fan hyn. Roedd y BBC wedi ei yrru yma unwaith yn rhagor i adrodd am yr helyntion diweddar. Awdurdod a grym sy'n eich taro chi fwyaf yn Washington ei hun, prifddinas gwlad fwyaf pwerus y byd. A dyna sy'n gyfrifol am y paranoia. Profiad newydd i America yw cael ymosodiadau ar ei thir ei hun ac ni ŵyr yn iawn sut i ymateb iddynt. Fel yn Fietnam, bydd y graith ar y seice genedlaethol yn un ddofn dros ben.

Llun 22 Hydref 2001

Trannoeth Washington buom yn Gettysburg, Pennsylvania. Fel Karl Barth, mae gennyf ddiddordeb hogyn bach yn y Rhyfel Cartref rhwng taleithiau'r de a gogledd, 1861-5. Ni sylweddolais o'r blaen pa mor fawr

Maes brwydr Gettysburg, Pennsylvania

ac eang oedd maes y gad. Roedd rhywbeth arwrol o drist am helaethrwydd yr olygfa a'r cofgolofnau mynych yn dwyn eu tystiolaeth fud i enbydrwydd y colledion bron i ganrif a hanner yn ôl. Ac mae huodledd urddasol anerchiad Abraham Lincoln i nodi'r achlysur yn parhau yn ei rym er gwaethaf treigl yr amser.

Aethom oddi yno i fan yr oeddwn yn awyddus iawn i ymweld â hi, sef Lancaster, Pennsylvania. I fan fach yn ymyl, sef Mercersburg, y daeth gŵr o'r enw John Williamson Nevin i ddysgu yng ngholeg diwinyddol Eglwys Ddiwygiedig yr Almaen yn 1840. Ymunwyd ag ef ymhen y flwyddyn gan ysgolhaig disglair o'r Swistir o'r enw Philip Schaff, a rhwng y ddau ohonynt y crëwyd yr hyn y daethpwyd i'w alw yn 'Ddiwinyddiaeth Mercersburg', un o symudiadau crefyddol mwyaf diddorol America'r bedwaredd ganrif a'r bymtheg. Cyfuno Calfiniaeth y Diwygiad Protestannaidd â syniad mawreddog am yr eglwys a wnaethant i ffurfio'r hyn a alwyd gan Schaff yn 'gatholigrwydd

29

efengylaidd'. A chan i mi fod yn traethu ar beth tebyg mewn rhai ysgrifau yn *Cristion* yn ddiweddar, roedd gen i ddiddordeb mawr yn yr holl beth. Hanesydd oedd Schaff; diwinydd oedd Nevin. Roedd yntau'n gyfoeswr â Lewis Edwards, y Bala, ac mewn rhai ystyron, yn feddyliwr tra thebyg iddo. Os Edwards oedd diwinydd mwyaf Cymru'r bedwaredd ganrif ar bymtheg, efallai mai Nevin, a Charles Hodge, oedd diwinydd mwyaf America ar yr un pryd. Hoffwn fynd ati rywbryd i gymharu syniadau y naill gyda'r llall.

Wedi treulio noswaith a bore yn Lancaster aethom drwy ardal yr Amish ac yn ôl i Princeton. Yn wahanol i froydd Amish Ohio, braidd yn dwristiedig oedd y cylchoedd hyn, ond testun syndod o hyd oedd gweld symlrwydd adweithiol ffermwyr a fynnent droi'r tir a chasglu'r cynhaeaf gan ddefnyddio swch, cert a cheffylau gwedd yn hytrach na pheiriannau modern. A hynny yn y wlad fwyaf cyfoethog a datblygedig yn y byd.

Nos Wener 26 Hydref 2001

Dyma fi wedi ffarwelio ag Ann a'r plant heno tan y Dolig. Aethom i fyny i faes awyr Newark mewn tacsi oddeutu amser te, canu'n iach yn ddigon dagreuol a minnau'n dychwelyd ar y trên. Teimlais yn unig iawn ar blatfform gorsaf Princeton Junction wrth glywed honc digrif corn y 'Dinky', gweld ei oleuadau'n fflachio a gwrando'i chloch uchel yn diasbedain fel injan Casey Jones ar y rhaglen deledu blynyddoedd yn ôl. Roedd hi'n noswaith glir, iachusol a'r lleuad yn dri chwarter llawn wrth i mi gerdded nôl i'r llety ond roedd gwacter y lle'n ogofaol wedi bwrlwm y pythefnos diwethaf. 'Home to an empty house'. Siawns y byddaf yn bwrw fy hiraeth ymhen diwrnod neu ddau.

Llun 29 Hydref 2001

Bûm yn mynychu seminar George Hunsinger ar Barth ers i mi gyrraedd a heno daeth y gyfres i ben. Daeth criw yn amrywio o 12 i 40 ynghyd bob nos Lun i ddarllen darn o bedwaredd gyfrol y *Ddogmateg*, ychydig dudalennau ar y tro. Mae meistrolaeth Hunsinger ar ei ddeunydd yn drawiadol ac nid heb reswm y galwodd T.F.Torrance ef yn ddiwinydd treiddgaraf ei genhedlaeth yn yr Unol Daleithiau. Ond efallai mai rhagfarn Torrance o blaid Barth oedd yn gyfrifol am hynny! Mae ôl ei gyfrol *Disruptive Grace* (2000) ar y llyfr sy gen i yn y wasg ar hyn o bryd sef *Cedyrn Canrif*. Rwy'n sicrach nawr fod gen i allwedd i ddatgloi Cristoleg Pennar Davies hefyd pan af fi ati i gwblhau'r cofiant iddo yn y man. Teimlaf fod y cyfnod sabothol hwn wedi bod yn broffidiol hyd yn hyn.

Es i allan wedyn am bryd bwyd i'r Nassau Inn, sef gwesty hynaf y dre. Mae yna ddarlun enfawr digrif gan yr artist Norman Rockwell yn gorchuddio un o'r muriau, sef 'Yankee Doodle came to town'. Mae'r ebol a'r farchog – rhyw fath o Don Quixote Americanaidd – wedi'i gyfleu'n hynod ddoniol. Er i lawer feirniadu Rockwell am sentimentaleiddiwch, ni lwyddodd neb i ddal optimistiaeth America'r 1950au yn well nag ef. Mae'n rhaid dweud mod i'n hoff iawn o'i waith ac mae'r murlun hwn ond yn cadarnhau fy marn.

Wrth adael y stafell fwyta mae'n rhaid mynd heibio oriel anfarwolion myfyrwyr Princeton. Sylwais yn eu plith ar John Foster Dulles 'class of 1908'; Adlai Stephenson; yr actor James Stewart 'class of 1932'; y cynysgrifennydd cartref George Shultz; wedyn gŵr y gwelir ei wyneb ar y teledu bob nos y dyddiau hyn sef Donald Rumsfeld, yr ysgrifennydd amddiffyn, 'class of 1954'; ac yna, ar y pen, yr actores Brooke Shields. Tybed a fedrai Prifysgol Bangor gynhyrchu casgliad tebyg?

Rwyf wrthi'n llunio'r nodiadau heno mewn gwesty yn Youngstown, Ohio. Byddaf yn mynd i weld fy modryb Pegi yfory sy'n byw yn Columbus. Ymfudodd fy nhad-cu, Samuel Morgan o'r Hendy, Pontarddulais, i weithio ym melinau alcam Baltimore, Maryland, yn y 1920au, ac aeth fy mam-gu a'r plant o Langyfelach i'w ddilyn. Dyna pam y cafodd fy nhad a'i ddau frawd eu magu yn America a dyna hefyd sy'n gyfrifol am yr atynfa sy gen i at y lle! Mae gen i bedwar cefnder a nythaid o gyfnitheroedd yma a chaf weld y merched, beth bynnag, cyn diwedd yr wythnos.

Treuliais y bore a'r prynhawn cyn cyrraedd Ohio yn crwydro'r hen gymunedau Cymreig yn Scranton, Taylor, Wilkes-Barre a Nanticoke ym Mhennsylvania. Deuthum o hyd i ddwsinau o gapeli a fu unwaith yn Gymraeg a channoedd o feddrodau'n cyd-wladwyr. 'Yma mae beddrodau'r tadau', yma hefyd mae eu plant diwreiddiedig yn byw. Er bod miloedd o faneri America yn cyhwfan yn y gwynt, ni welais yr un Ddraig Goch. Mae Cymreictod a'r cof am Gymreictod wedi hen ddarfod. A phwy oedd 'Bardd y Bryn',

Beddrod y bardd Dafydd o Went,
mynwent gyhoeddus Scranton,
Pennsylvania

'Dafydd o Went' a 'Torfannog' sydd wedi'u claddu dan dyweirch pell Pennsylvania, tybed? Beirdd 'hen ieithoedd diflanedig' a'u canu 'ar goll yn llwch yr amser gynt'. Diwrnod prudd a hiraethlon oedd heddiw.

Sul 4 Tachwedd 2001

Cyrhaeddais nôl o'm teithiau yn hwyr neithiwr wedi ymlâdd yn llwyr. Roedd hi'n hyfryd cael gweld fy mhedair cyfnither am y tro cyntaf er angladd fy nhad ddeng mlynedd yn ôl. Roedd pawb yn fwy trwchus o gwmpas eu canol, eu gwallt yn fwy brith ac yn bendifaddau ddegawd yn hŷn. Peth felly yw bod yn ganol oed! Roedd y daith yn lladdfa, tua 1800 o filltiroedd nôl ac ymlaen. Roedd sgwrs y merched serch hynny yn befriog fyrlymus a'u croeso i'w cefnder coll yn dywysogaidd.

Un peth tra gofidus wrth fynd yn y modur oedd gwrando rhaglenni sgwrsio gyda phobl gyffredin yn rhoi'u barn ar y rhyfel yn erbyn Bin Laden. Mae'n amlwg fod y werin yn anesmwytho oherwydd arafwch yr ymladd ac yn sôn yn agored am ddefnyddio bomiau niwclear wrth ymosod ar Afghanistan. Gyrrodd y peth ias drwof. Ac mae rhai o'r eglwysi yn cyfaddawdu â'r peth. Roedd clywed pregethwyr radio yn cymhwyso Rhufeiniaid 13, fod yr awdurdodau gwladol 'yn was Duw i ddwyn digofaint dwyfol ar ddrwgweithredwyr' ynghyd â rhai melltithion o Ddeuteronomium 28 yn anodd i'w ddirnad, llai byth i'w stumogi. Y rhagdybiaeth, wrth gwrs, yw bod America yn lân, yn bur ac yn gyfiawn ac yn etholedig yr Arglwydd er lledaenu bendithion cyfalafiaeth i bedwar ban byd. Yn yr argyfwng presennol aeth yr ymadrodd 'God bless America' yn ystrydeb peryglus.

Un o'r problemau yw plwyfoldeb affwysol mwyafrif y bobl. Mae'r wlad mor fawr nes mai prin yw'r rhai sy'n symud oddi cartref – dim ond tua 10% sydd â phasport ganddynt – ac mae'r diddordeb mewn materion tramor yn enbyd o brin. Mae'n amlwg nad yw gwarineb Princeton yn nodweddu'r wlad i gyd. Teimlaf bellach mod i wedi treulio'r chwe wythnos diwethaf mewn paradwys ffŵl.

Trawais heibio ddinas Pottsville a threfi St. Clair a Minersville ar y ffordd adref. Roedd Pottsville megis Caernarfon ac Aberdâr yn y bedwaredd ganrif ar bymtheg, yn ganolfan y wasg Gymraeg: yno y cyhoeddwyd *Y Seren Orllewinol* ynghyd â phapurau newydd a chylchgronau eraill. Des o hyd i fynwent fechan druan ei golwg ar lethr yng nghanol Tref y Glowyr. Roedd y beddau i gyd yn Gymraeg er yn anodd iawn i'w darllen gan fod y cerrig wedi'u treulio gyda'r blynyddoedd. Gwelais fod un Thomas Elias 'o Ddeheudir Cymru' wedi marw'n bymtheg oed yn 1855 yn fuan ar ôl cyrraedd o wlad ei eni. Yr holl ymdrech i groesi môr a thir, ac i beth? Mae'n debyg mai fi oedd y cyntaf i ddarllen ei arysgrif a dirnad ei ystyr ers degawdau os nad tua thri-chwarter chanrif neu fwy. 'Er cof annwyl' oedd y geiriau uwchben ei enw. Dylwn fod wedi rhoi blodau ar ei fedd.

Llun 5 Tachwedd 2001

Wrth ddarllen y papur lleol wedi cyrraedd nôl o'm teithiau pell, dyma weld mai'r Undodiaid lleol a fu'n dathlu Noswyl yr Holl Eneidiau – Holloween – gyda mwyaf o egni a brwdfrydedd. A minnau'n credu mai ffurf ar resymoliaeth sgeptigaidd oedd Undodiaeth, yn gyfundrefn a fynnai ymlid ymaith bob dirgelwch mewn crefydd dan gochl 'ofergoeliaeth', mae'n amlwg nid felly y mae. 'The Princeton Coven of Unitarian Universalist Pagans' fu wrthi'n dathlu nos Iau diwethaf wrth i blant bach y dref wisgo i fyny fel coblynnod neu *vampires*, curo drysau a gweiddi 'trick or treat'. A gwae chi o beidio â rhoi doler iddynt!

Ond o ran y crefydda, dyma baganiaeth ac undodiaeth wedi mynd yn un. O ymwrthod â sylwedd Cristionogaeth – canys trwy gefnu ar dduwdod Crist dyna a wna Undodiaeth mewn gwirionedd – rhaid llenwi'r gwacter â rhyw sylwedd ysbrydol neu'i gilydd, ac yma crefydd Wicca, hen baganiaeth ffrwythlondeb y fam-ddaear, a gymerodd ei lle. Ni wn ddigon am Undodiaid y 'Smotyn Du' i wybod a yw ffasiynau fel hyn wedi cyrraedd Sir Aberteifi ai peidio; rwy'n amau yn fawr rywsut! Rhaid cofio hefyd fel y bu'r Parchg Jenkin Lloyd Jones, tad-cu'r pensaer enwog Frank Lloyd Wright, yn un o gewri Undodiaeth Chicago ac yn ysgrifennydd mudiad cenhadol y mudiad yn America am yn hir, a thrwy hynny drosglwyddo gwerthoedd radicalaidd Undodiaeth Llwyn-rhyd-owain i'r wlad newydd yn y bedwaredd ganrif ar bymtheg. Gallwn dybio fod Undodiaeth Harvard a Lloegr Newydd yn fwy syber o hyd nac eiddo paganiaid ecsentrig Princeton.

Mercher 7 Tachwedd 2001

Am y tro cyntaf erioed byddaf yn colli bod gydag Angharad fy merch ar ei phen-blwydd. Bydd hi'n bymtheg oed ymhen wythnos felly dyma fynd ati i yrru cerdyn pen-blwydd gyda theigr, sef masgot Prifysgol Princeton, yn rhuo ar ei du blaen. Plwc arall o hiraeth am y teulu gartref.

Gwelaf fod y nofelydd enwog E.L.Doctorow wedi bod yn rhannu'i ddoethineb mewn cynhadledd o lenorion a gynhaliwyd yn y brifysgol dros y Sul. Prif siaradwr mewn cynhadledd ar lenyddiaeth gyfoes gan awduron o dras Iddewig ydoedd. Er iddo gael ei fagu'n Iddew defosiynol, 'gwlad seciwlar ydym bellach', meddai. 'Ers yr Aroleuo dim ond plant bach sy'n medru credu fod y Beibl yn wir – plant bach a ffwndamentaliaid'. Y gwir yw fod mwy nag un math o ffwndamentaliaeth ac mae'n syndod pa mor drahaus ac anoddefgar y gall seciwlariaid fod.

Llun 10 Tachwedd 2001

Cwblheais y bore 'ma ysgrif ar ddiwinydd Cymreig-Americanaidd anghofiedig o'r enw Llewelyn Ioan Evans. Yn un o fyfyrwyr cyntaf Lewis Edwards yng Ngholeg y Bala, ymfudodd gyda'i rieni i Racine, Wisconsin, yn 1850 a chafodd yrfa lwyddiannus fel athro coleg diwinyddol yn Cincinnati, Ohio. Bu'n dipyn o fardd yn ddyn ifanc, ac ennill clod neb llai na Llew Llwyfo am safon ei waith. Cipiodd gadair eisteddfod Utica yn 1857 ond cyhuddwyd ef gan gystadleuydd dienw (gwyddom erbyn hyn mai R. D. Thomas, 'Iorthyn Gwynedd' ydoedd), dig o lên-ladrad ac 'fe bwdws' fel y dywedir! Cyhoeddodd bamffled ymfflamychol o'r enw *Crachfeirniadaeth* er mwyn achub ei gam, a gwrthododd yn bwt farddoni o hynny ymlaen. Roedd y golled i fyd yr awen yn ennill i fyd ysgolheictod beiblaidd a threuliodd y chwarter canrif nesaf yn hyfforddi gweinidogion Presbyteraidd yn Athrofa Lane. Bu'n ddigon hyf i groesi cleddyfau â'r cawr Calfinaidd B.B.Warfield ar gyfrif sut i ddeall ysbrydoliaeth y Beibl, a bu o fewn trwch y blewyn i gael ei gyhuddo o heresi gan ei eglwys ei hun. Daeth yn ôl i Gymru yn 1892 i ddysgu Hebraeg i ddarpar weinidogion yr Hen Gorff yn ei hen goleg yn y Bala, ond bu farw cyn cael cyfle i ddechrau ar y gwaith. Mae'n stori ddiddorol a thrist ac mae'n haeddu cael ei hadrodd yr ochr yma i'r Iwerydd yn ogystal â'r ochr draw. Gobeithio fydd yr Americanwyr o'r un farn.*

Hyd yma cwblheais ddwy ysgrif, y llall ar yrfa gynnar R.S.Thomas, Abercynon, ac fel y cyfunodd bwyslais diwygiadol ei draddodiad

---

*Ceisiais ddweud rhywbeth amdano yn yr ysgrif 'Llewelyn Ioan Evans a Brwydr y Beibl', *Y Traethodydd* 163 (2008), tt.25-38 ac yn Saesneg yn *Wales and the Word: Historical Perspectives on Welsh Identity and Religion* (2008), tt. 55-87.

Methodistaidd ei hun ag athrawiaeth ymenyddol Calfiniaeth Princeton. Ac mae drafft o ddwy bennod gyntaf cofiant Pennar Davies hefyd wedi'u cwblhau. Felly rhwng popeth mae'r gwaith yn mynd yn ei flaen yn iawn.

Mercher 14 Tachwedd 2001

Bûm yn dyfalu heddiw pa faint o ddyddiaduron y cedwais erioed. Cofiaf i mi fod yn gofnodydd diwyd am ryw hyd pan yn hogyn ysgol ac i mi lenwi llyfr nodiadau yn ystod fy mlwyddyn gyntaf yn y coleg gan mor newydd a chynhyrfus oedd bywyd myfyrwyr Bangor ar y pryd. Ar wahân i hynny ysbeidiol iawn fu fy ymgeisiadau dyddiadurol, ambell nodyn fan hyn a fan draw pan oedd yr awydd yn taro. Er hynny rwy'n cael dyddiaduron pobl eraill yn gyfareddol iawn. Cofiaf yr ias hyd heddiw o ddarllen *Cudd Fy Meiau* Pennar Davies am y tro cyntaf, sef dyddiadur enaid a ymddangosodd yn wreiddiol yn wythnosol yn *Y Tyst.* Roedd 'Dyddiadur y Golygydd' gan fy hen brifathro D.Eirwyn Morgan ymhlith uchafbwyntiau *Seren Cymru* yn y 1970au ac yn gynnyrch newyddiadurwr crefyddol gyda'r disgleiriaf yn ei genhedlaeth.

Un o'm cymdeithion ffyddlonaf dros y mis a hanner diwethaf yw *Dyddiadur America* Gareth Alban Davies sy'n cofnodi'i argraffiadau yn ddarlithydd ifanc mewn coleg yn New Hampshire yn 1963 a 1964. Aeth cryn lif o ddŵr dan Bont Brooklyn er hynny ac yn y cyfamser newidiodd America yn ddirfawr iawn. Rhyw ymestyniad ar America'r 1950 oedd y wlad y bu Gareth Alban a'i deulu ynddi, yn geidwadol ac yn gydymffurfiadol cyn bod sôn am hipis na Fietnam a phan oedd Martin Luther King a Bobby Kennedy eto'n fyw. (Llofruddiwyd J.F.Kennedy tra bo Gareth yn y wlad, ac mae'n disgrifio ei deimladau am yr achlysur hwnnw yn fyw iawn iawn.) Mae'n amlwg i geidwadaeth boliticaidd America fod yn gryn dân ar groen radical Ymneilltuol o Gwm Rhondda

Dyddiadur America, *Gareth Alban Davies*

yn 1963, a thrawiadol i mi, beth bynnag, yw ffydd academig ifanc yng ngallu achubol addysg a'i photensial i ddileu pob drwg. Ni sylweddolai neb y pryd hynny pa mor gymhleth a chreiddiol oedd problem hil, a phwy a fyddai wedi rhagweld ffwndamentaliaeth Islamaidd fel ffactor heb sôn am fygythiad i heddwch byd yn y degawdau a oedd eto i ddod? Ond eto caredigrwydd yr Americaniaid a'u natur agored, eu diffyg sinigrwydd a'u hoptimistiaeth heulog sy'n cael ei nodi fwyaf ganddo. Hynny a'r gwarineb a berthynai i fywyd Coleg Dartmouth, New Hampshire, dros ddeng mlynedd ar hugain yn ôl.

Ceidwadol a chydymffurfiadol yw nodweddion America eto erbyn hyn. Nid y rhyfel oer yn erbyn Rwsia ond y rhyfel twym yn Afghanistan sy'n llenwi bryd y genedl bellach. Beth bynnag am ei rhinweddau nid lle i radical o Gwm Rhondda neu o unman arall mo'r America hon.

Iau 15 Tachwedd 2001

Mae'n rhyfedd fel mae ambell i le yn tyfu arnoch. Dyma'r pedwerydd tro i mi fod yn Philadelphia a dim ond nawr mae'r ddinas yn dechrau ildio'i chyfoeth. Cyrhaeddais yn y trên fel yr oedd yr haul yn machlud neithiwr a sylweddoli pa mor hardd oedd nenlinell y ddinas gyda'i thyrau a'i phigau yng ngolau'r gwyll. Nid yw mor drawiadol â nenlinell

Manhattan o gyfeiriad y môr wrth reswm, ond mae iddi ei mawredd a'i hurddas ei hun. O gyrraedd neuadd y ddinas dyna weld cofgolofn William Penn a'i het-cantel-lydan a'i glôs pen-glin, yntau'n edrych i lawr yn oddefol ar y bwrlwm islaw. Cefais lety mewn hen dafarn yn dyddio o 1760 yn ymyl Glanfa Penn, sef y llecyn lle dechreuodd y cwbl ganrifoedd yn ôl. Yn nhermau America mae Philadelphia, fel Boston, yn ddinas hanesyddol iawn ac nid heb achos mae'n ymfalchïo yn ei thras. Ond er gwaethaf yr hynafiaeth gymharol, mae'n gymysgfa hefyd o'r oesol a'r newydd sbon. Aeth llonciwr heibio i mi ar ei redfa nosweithiol â golau coch yn fflachio yng nghefn ei gap. Ble ond yn America …!

Diwrnod o balu a chwalu ymhlith cofnodion yr eglwysi Cymraeg. Mae'r cwbl ar gael yn niogelfa Cymdeithas Hanes yr Eglwys Bresbyteraidd yma ar Lombard Street yn ymyl Glanfa Penn. Rhyfeddais eto at asbri Ymneilltuol Oes Victoria nid yng Nghwm Cynon neu Ynys Môn ond yn Wisconsin ac Illinois. A'r cwbl wedi'i gofnodi mewn Cymraeg mirain a glân. O na bai Cymraeg Cymru'r unfed ganrif ar hugain mor rymus a phur â Chymraeg America ganrif a hanner yn ôl.

Sadwrn 16 Tachwedd 2001

Helfa dda wedi cyrraedd o gartre heddiw. Lluniau o Ann a'r plant a dynnwyd pan oeddent yma fis a mwy yn ôl. Mae lliwiau'r hydref wedi'u hatgynhyrchu'n drawiadol a'r dail yn garped trwchus dan draed. Mae'r coed yma yn noethach erbyn hyn a'r lliwiau wedi gwywo. Dyma'r tro cyntaf i mi brofi gaeaf yn America er i mi adael y wlad yn blentyn yn 1958! Ynghyd a'r lluniau cefais gopi o rifyn diweddaraf Y Traethodydd a dwy ysgrif ynddo yn fy niddori'n arbennig iawn: teyrnged Gwilym H.Jones i'r bonheddwr o ysgolhaig Isaac Thomas ar achlysur ei ben-blwydd yn 90 oed, a chyfweliad John Roberts o'r BBC â'r diweddar

W.D.Davies o Brifysgol Duke. Roedd gwrthrychau'r ddwy ysgrif yn gyfoeswyr ym Mhrifysgol Caerdydd yn y 1930au a rhwng y ddau ohonynt eu cyfraniad i astudiaethau beiblaidd mor fawr. Roedd hi'n dda fod John wedi medru cofnodi atgofion W.D.Davies pan y gwnaeth. Mae'r ysgrif yn gyfraniad ardderchog iawn. A dymunwn flynyddoedd eto i Isaac o iechyd a hoen.*

Mercher 21 Tachwedd 2001

Mae'r dyddiadur hwn yn prysur droi'n wythnosiadur! Yn un peth mae'r cwbl o'm cwmpas yn ymdoddi'n normalrwydd erbyn hyn. Mae'n anos sylwi ar yr anghyffredin a'r newydd am nad ydynt nac yn anghyffredin nac yn newydd bellach. Gobeithio nad wyf yn troi'n *blasé*. Yn beth arall, rwyf wedi bod yn sâl! Dechreuodd yr aflwydd fore Sul a minnau ers hynny'n methu cadw dim byd i lawr. Ych-a-fi. Does gen i ddim nerth nac awydd gwneud dim byd a does neb yma i fy maldodi. Rwy'n teimlo trueni mawr trosof fi fy hun!

Roeddwn i fod i fynd i Efrog Newydd heno i ddathlu'r ŵyl Diolchgarwch yng nghwmni cefnder i mi a'i wraig, ond rhaid rhoi'r gorau i'r syniad hwnnw, gwaetha'r modd. Mae'n ŵyl Diolchgarwch yfory. Bydd pawb wedi anelu am adref er mwyn bwyta'u twrci a dathlu dyfodiad y Tadau Pererin yn y Mayflower yn 1621. Mae'n bur debyg bydd yr athrofa yma'n wag; cawn weld. Yn y cyfamser gobeithio y byddaf yn well.

---

* Bu farw yn 2003.

Sadwrn 24 Tachwedd 2001

Oedd, mi oedd yr athrofa'n wag! Roedd y campws fel y *Marie Celeste* a dweud y gwir. Dim cwrcyn o neb i'w weld mewn un man. Roedd hi fel dydd Nadolig yn gymwys. Roedd Meredydd Evans yn canmol Princeton i'r cymylau pan ddywedais wrtho ychydig yn ôl y byddwn yn treulio'r hydref yno. Ni ddywedodd ddim byd am hyn! Treuliodd yntau a Phyllis ei wraig flynyddoedd yma cyn symud i Brifysgol Boston ac yn ôl i Gymru lle maent wedi gwasanaethu'r genedl mor ffyddlon ers degawdau. Tybed a ydym yn gwir werthfawrogi'n cymwynaswyr?

Wrth gerdded i lawr i'r dref gynnau dyma sylwi o'r newydd ar y tai yn y stryd. (Yma, gyda llaw, bedwar drws i ffwrdd o'r lle ty hwn, y trigai T.S.Eliot am ysbaid yn y 1940au pan oedd Gymrawd yn y Ganolfan Uwchefrydiau ac yn ysgrifennu *The Cocktail Party*.) Maent yn drawiadol, yn amrywiol ac yn glyd. Nid rhai enfawr ydynt (mae yma rai felly ar gyrion y dref) ond maent yn gysurus, bob un â iard fechan yn y tu blaen a'r tu ôl, a *porch* i chi fedru eistedd ynddo yn yr haf a mwynhau heulwen y prynhawn. Ond gyda'i bod hi bellach yn aeaf, yr hyn a welwch o'r stryd yw ffenestri mawrion heb y llenni wedi'u cau ac ystafelloedd helaeth yn llawn onglau a chorneli a goleuadau yma a thraw. Nid un golau yng nghanol y nenfwd y cewch ond lliaws ohonynt, yn lampau darllen ac yn lampau bwrdd wedi'u lleoli mewn gwahanol fannau yn creu pyllau o oleuni ac yn ymlid y cysgodion draw. Mae rhyw swyn a dirgelwch yn y patrwm hwn sy'n ychwanegi at gyfaredd y lle.

Wedi cyrraedd canol y dre dyma weld y tyrfaoedd yn dod ynghyd. Goleuo colfen Nadolig oedd yr achlysur. Roedd seindorf yng nghanol y sgwâr, Siôn Corn a'i geirw a chôr yn canu carolau. Siwrnai daw Diolchgarwch i ben, mae'n bryd paratoi at y Nadolig. Sy'n fy atgoffa:

bydd rhaid i minnau ddewis anrhegion. Tair wythnos i heddiw a byddaf gartref, os byw ac iach.

Sul 25 Tachwedd 2001

Dyma fi yn gwneud rhywbeth na wnes i ond ychydig droeon o'r blaen, sef mynychu oedfa wyth y bore. Addoli rhwng y Presbyteriaid a'r Anglicaniaid am yn ail a wnawn yma fwyaf. (Mae'r capel Bedyddwyr agosaf oddeutu tair milltir i ffwrdd ac ymhell o ganol y ddinas a minnau heb gar).* Synnais weld fod yr eglwys, Eglwys y Drindod sydd hop-cam-a-naid o'r llety yma, yn gysurus lawn. Fel arfer mynychu'r oedfa 11 o'r gloch y byddwn, sef *drydedd* oedfa'r bore – mae un arall am 9.15. Nid yw Princeton yn lle mawr nac yn anarferol o grefyddol ond eto mae'r eglwysi i'w gweld yn weithgar, yn fyrlymus ac yn llawn ar gyfer pob gwasanaeth. Ac nid rhywbeth sy'n gyfyngedig i'r eglwys esgobol mo hynny; mae'r un peth yn wir am yr Eglwys Bresbyteraidd ar Nassau Street, yr Eglwys Fethodistaidd yn ymyl llyfrgell y Brifysgol, y Lwtheriaid ac mae'n debyg y Bedyddwyr hefyd. Ac ar wahân i'r Sul mae gweithgareddau gwenynnaidd yn ystod yr wythnos a rhaglen gyflawn o wasanaeth yn y gymuned. Pam, o pam mae cymaint o lesgedd yn ôl gartref, dwed?

Ta waeth, i mewn i Efrog Newydd erbyn amser cinio a threulio'r pnawn yn Oriel Celf Whitney. Nid hwn yw'r unig oriel yn y ddinas. Mae'r Frick yn ymyl lle cedwir portread enwog a godidog Hans Holbein o Syr Thomas More, 'a man for all seasons', hefyd y MoMA, sef y Museum of Modern Art, a'r un mwyaf ohonynt oll, sef y Metropolitan. Mae arddangosfa o waith Breugel yn y Metropolitan ar

---

* Ni wyddwn yn 2001 am 'Christ's Congregation' y byddwn yn sôn amdani yn y benod nesaf.

hyn o bryd a bydd rhaid i mi geisio ei gweld cyn i mi adael y wlad ond nid dyna sy'n fy nenu yma heddiw ond yn hytrach y lluniau modern. Realrwydd ac eglurder Edward Hopper ac abstractiaeth lachar Jackson Pollock a Mark Rothko; nhw sy'n ennill bob tro, gen i o leiaf. Fel y gwelir, rwy'n trïo gwasgu pob diferyn o ddiwylliant allan o'r tymor hwn tra bo'r cyfle ar gael.

Mae'n dywyll erbyn i mi anelu nôl am yr orsaf ac mae torf fawr, hapus a bywiog wedi ymgasglu y tu allan i'r Rockerfeller Centre ar 5th Avenue. Roedd pawb yn aros i arwr y ddinas, sef y Maer Giuliani, droi'r switsh i oleuo'r golfen Nadolig fwyaf a welais i erioed. Sefais i ddim, ond er gwaethaf cysgod y Tyrau Masnach sy'n dal i orchuddio'r ddinas i raddau, fe glywais yno ysbryd yr ŵyl.

Mawrth 4 Rhagfyr 2001

Sgwrs hir a hamddenol dros goffi gyda'r diwinydd George Hunsinger. Minnau'n ei holi am Hans Frei, ei ddiweddar athro o Brifysgol Iâl, ac yntau'n holi mherfedd am safbwynt diwinyddol Rowan Williams, Archesgob Cymru! Frei a fathodd yr ymadrodd 'generous orthodoxy' i ddisgrifio'r math safbwynt a gymerodd ef. Parodd hynny i mi gofio i mi ddisgrifio fy safbwynt innau unwaith fel 'benign Calvinism'! Rwy'n dal i feddwl fod y label yn un da er bod y safbwynt yn rhy 'benign' ar gyfer y Mudiad Efengylaidd ac yn rhy Galfinaidd ar gyfer y rhyddfrydwyr diwinyddol. Ond dyna hi: 'Yma y safaf, ni allaf yn amgen' fel y dywedodd rhywun unwaith.

Ysgrifennodd Hans Frei lyfr o'r enw *The Eclipse of the Biblical Narrative* (1974) roedd fy nghyfaill yr Athro Euros Jones o Goleg yr Annibynwyr yn frwd o'i blaid ar un adeg. Esboniad ar y gwahanol ffyrdd mae Cristionogion y Gorllewin wedi darllen y Beibl ers y ddeunawfed ganrif ydyw, ac er dirfawr gywilydd i mi, ni ddarllenais mohono erioed. 'It's very dense', meddai Hunsinger, 'and hard work too'. Bydd rhaid rhoi cynnig arno cyn hir, petai ond er mwyn dweud wrth Euros mod i wedi'i ddarllen o'r diwedd! Roedd Hunsinger yn sôn yn fyrlymus iawn am gatecism mae ef a rhai o'i gyfeillion oddi mewn i Eglwys Bresbyteriadd yr Unol Daleithiau wedi'i gynhyrchu'n ddiweddar er mwyn cael gan y bobl i ymfalchïo drachefn yn eu tras fel plant John Calfin. 'There's so much nonsense going on out there and we need to inoculate people against it!' Efallai dylai Bedyddwyr Cymru wneud yr un peth.

Ar wahân i hynny does fawr o symud wedi bod arna i ers wythnos a hanner. Mae cael y cyfle fel hyn i dreulio amser hir yn un o lyfrgelloedd diwinyddol gorau'r byd yn beth rwy'n ei werthfawrogi y tu hwnt. Gobeithio bydd gennyf rywbeth o werth i ddangos amdano maes o law.

Iau 6 Rhagfyr 2001

I mewn i Philadelphia heddiw ar gyfer fy ymweliad olaf â'r ddinas cyn ymadael â'r wlad. Golygfa syfrdanol ac annisgwyl oedd gweld yn y pellter wrth geg yr afon y llong ysblennydd yr S.S.United States. O leiaf, roedd yn ysblennydd unwaith. Yn ei amser, hon oedd y llong gyflymaf yn y byd. Enillodd y Ruban Glas yn 1957 am groesi Môr yr Iwerydd mewn pum niwrnod yn hytrach na'r chwech neu saith roedd llongau Cunard yn eu cymryd i wneud y daith. Ar hwn y deuthum i yn ôl o Efrog Newydd i Southampton yn blentyn pedair mlwydd oed. Mae brith gof gennyf o hyd am ei baent yn sgleinio a'r stêm yn codi wrth hwylio heibio Cofgolofn Rhyddid yn y bae. Llong osgeiddig, hardd a sgleiniog oedd honno, dros ddeugain mlynedd yn ôl. Corpws enfawr, truenus a rhydlyd, heb weld diferyn o baent ers blynyddoedd, sy'n gorwedd yn

S.S.United States

aber yr afon Schykill heddiw, yn barod i gael ei throi yn sgrap. Mae yna ddameg yna rywle, mae'n siŵr.

Llun 10 Rhagfyr 2001

Cinio heddiw yn y brifysgol yng nghwmni dyn o'r enw Nigel Smith, pennaeth yr Adran Saesneg, a ddaeth yma o Rydychen dair blynedd yn ôl. Yntau'n arbenigwr ar lenyddiaeth Biwritaniaid radicalaidd yr ail ganrif a'r bymtheg ac yn gyfarwydd â Vavasor Powell, William Erbury a Walter Cradoc. Mae wedi dysgu digon o Gymraeg i ddeall Morgan Llwyd, medde fe. Holodd fi ynghylch Pennar Davies ac R.Tudur Jones, dau mae'n gyfarwydd â nhw trwy ei gyfeillgarwch â'r hanesydd Annibynnol mawr Geoffrey Nuttall. Mae mwy o barch i Biwritaniaid Cymru yn Princeton Presbyteraidd nac yn Rhydychen Anglicanaidd, meddai, ac mae'n debyg ei fod yn wir.

Galw i mewn wedyn i ffarwelio â phennaeth yr athrofa, Dr Gillespie. Roedd rhaid i mi ddiolch iddo am roi lloches a chartref i Gymro bach o Fedyddiwr am y tri mis diwethaf. Mae caredigrwydd pobl wedi bod yn hynod a'r profiad o fod yma wedi bod yn gyfoethog tu hwnt. Bydd gennyf sesiwn bore fory gyda Jim Moorhead, yr athro Hanes yr Eglwys, er mwyn roi pen ar y mwdwl ac yna pacio'r bagiau amdani.

Pan ddes i nôl o weld y pennaeth roedd copi o'm cyfrol *Cedyrn Canrif* yn aros amdanaf yn y blwch post. Mae paentiad olew Aneurin Jones 'Cwrdd Gweddi' ar y clawr wedi'i atgynhyrchu'n ardderchog. Bodlonrwydd mawr o'm hochr i. Felly rhwng popeth, diwrnod hapus iawn.

Gwener 14 Rhagfyr 2001

9.30 o'r gloch y nos a dyma fi yn yr awyr. Cyrhaeddais faes awyr Newark ganol pnawn yn drymlwythog o anrhegion Nadolig heb sôn am y trugareddau eraill. Dyma fy nhri mis ar ben a minnau'n anelu nôl am Gymru fach. Gweddol ddidrafferth oedd mynd trwy'r gwarchodlu yn yr awyrenfa. Mae hi'n dri mis a thri diwrnod er i Dyrau Marchnad Manhattan ddisgyn yn y ffrwydriad erchyll a ddigwyddodd ar Medi 11. Fedra'i ddim weld 'Ground Zero' na goleuadau Manhattan oddi tanom oherwydd trwch y cymylau, mor wahanol i'r olygfa a welais pan gyrhaeddais ar 15 Medi. Ers hynny mae America wedi bomio Afghanistan 'yn ôl i oes y cerrig' fel mae rhai sylwebyddion yn hoff o ddweud, ac Osama Bin Laden, yn ôl yr adroddiadau diweddaraf, wedi'i amgylchynu. Mater o amser yw hi cyn iddo gael ei ddal ac yn ôl pob tebyg ei ladd.* Ni allwn fod wedi bod yn yr Unol Daleithiau ar adeg fwy cynhyrfus mae'n debyg. Ac eto rhyw anesmwythyd sy'n corddi ynof wrth feddwl am ddigwyddiadau'r deuddeg wythnos diwethaf ac agweddau pobl y wlad.

Sut, felly, allwn dafoli'r tri mis diwethaf? Princeton i ddechrau. Un gair sy'n ei ddisgrifio: godidog. O ran y dre gymen a'i champws hardd, y bensaernïaeth lân a'i dwy lyfrgell gyda'r goreuon y bûm ynddynt erioed. Roedd *popeth* ar gael ar y silffoedd agored. Cefais lonydd i ddarllen, i ymchwilio, i fyfyrio ac i ysgrifennu a hynny mewn man gyda'r mwyaf dymunol y gellid ei ddychmygu, ac am hynny rwy'n ddiolchgar iawn. Yna'r gwmnïaeth. Dewisais beidio ag ymrestru ar gyfer seminarau er mwyn cael mwy o amser i gwblhau fy ymchwil fy hun. Efallai bod hynny'n gamgymeriad. Petawn wedi mynychu mwy o grwpiau tiwtorial, byddwn wedi cyfarfod mwy o bobl. Ond byddai hynny wedi bwyta i mewn i'r amser chwilota; fedrwch chi ddim ei chael hi bob ffordd. Fodd bynnag, cefais gwmni cyson ysgolheigion fel Dan Migliore, George Hunsinger, Max Stackhouse a Jim Moorhead heb sôn am gyfarfod yn achlysurol â llawer o rai eraill. O ran y myfyrwyr roeddent yn olau, yn gwrtais ac yn llawn bwrlwm. Gall yr Eglwys Bresbyteraidd ymfalchïo yn y genhedlaeth o weinidogion sy'n codi, hyd y gwelais i.

Beth a ddywedwn am yr Unol Daleithiau? Mae'n amhosibl cyffredinoli ar sail deuddeg wythnos fer mewn man anghynrychioliadol, ymhlith y *liberal élite*. Y duedd yw cymryd moethusrwydd a chynnydd economaidd yn ganiataol ac rwyf wedi synnu pa mor gyfyng yw'r gorwelion. Ni sonnir dim am faterion tramor ar y newyddion teledu ar wahân i'r rheini sy'n ymwneud yn uniongyrchol â buddiannau America. Mae hi fel petai Ewrop ddim yn bod. Dychrynais hefyd o weld pa mor bleidiol mae pawb i Israel ac mor wrthwynebus i Balesteina. A hynny er

---

*Ni ddigwyddodd hynny, ysywaeth, er i ddegau o filoedd o bobl ddiniwed ddioddef yn y bomio er 2001.

bod llawer o Gristionogion druain ymhlith y Palestiniaid a bod yr Iddewon yn ymagweddu yn ddim amgen na *thugs* ar adegau. Am ryw hyd bu Tony Blair yn boblogaidd yma ond ni chlywir dim smic amdano mwyach. Mae hi fel pe bai ef bellach ddim yn bod. Ac mae'n rhaid troi at y papurau Prydeinig megis *The Times* i weld pam. Os yw Prydain am weld adfer trefn a heddwch yn Afghanistan, dymuniad rhai yn America (nid pawb o bell ffordd) yw gweld difa'i gelynion. Mae rhywbeth arswydus yn hyn sy'n creu gofid dwys ynof.

Synnais ddod o hyd i gymaint o bobl nad oeddent wedi gadael golwg mwg y simnai ond sy'n gwbl argyhoeddedig na all America wneud dim drwg a hi yw'r wlad orau yn y byd. Mae pobl yn Ohio (gan gynnwys rhai o'm teulu fy hun) na fuont erioed yn Efrog Newydd a phobl Efrog Newydd na fuont erioed yn Philadelphia. Does dim rhyfedd nad yw gweddill y byd yn golygu dim byd iddynt. Ac yn waeth na'r diffyg diddordeb yw'r diffyg cywreinrwydd a'r diffyg awydd i ledu gorwelion. Heb ddychymyg does dim empathi. Dyna pam y gellid meddwl am fomio Afghanistan heb droi blewyn yn hytrach na meddwl am sianelu rhai o'r egnïon mawr sydd yn y wlad er budd y gwledydd tlawd a thrwy hynny greu cyfeillion yn hytrach na magu gelynion.

Ar un wedd mae gen i edmygedd mawr o America o hyd, ei hoptimistiaeth befriog, cwrteisi a boneddigeiddrwydd ei phobl a'i natur agored, braf. Ar wedd arall rwy'n arswydo wrth ei chulni meddyliol a'i phlwyfoldeb. Aeth y chwifio baneri diatal yn ormod i mi erbyn y diwedd.

Beth am grefydd? Anodd cyffredinoli eto. Fel y nodais o'r blaen mae yma weithgaredd ac ymroddiad mawr sy'n ddigon i godi cywilydd ar bawb ohonom yng Nghymru waeth beth yw'n henwad neu'n safbwynt diwinyddol. Roedd y ffresni a'r bywiogrwydd yn donic ac yn adnewyddiad. O ran yr addoli cyhoeddus a brofais i, yn Eglwys y

Drindod esgobol a Nassau Street Presbyteraidd, roedd yn syber, yn ystyriol, yn ddyrchafol ac yn weddus. Teimlwn bresenoldeb Duw yn y litwrgi ac ym mhregethu'r Gair a chael bendith bob tro. Ac mae diwinyddiaeth Princeton yn iach. Does dim dyfnder daear i'r *fads* diwinyddol, boed yn or-ffeministaidd, yn ôl-fodernaidd, yn 'radicalaidd' neu yn rhyddfrydol. Yn hytrach 'generous orthodoxy' piau hi sy'n cymryd yr efengyl a thraddodiad clasurol yr eglwys o ddifrif. Teimlaf i fy mhwyslais fy hun gael ei gryfhau trwy fod yma.

Erbyn hyn mae'n 2.45 amser Princeton, 7.45 y bore amser Cymru. Mae'r haul yn codi fel ffrwydryn wrth i'r wawr dorri ar y cymylau gwynion trwchus oddi tanom sydd fel pigau mynyddoedd yr Alpau. Mae'r awyren yn agosáu at Fanceinion ac mae'n bryd i mi ddirwyn y nodiadau hyn i ben. Gobeithio na fu i ddarllenwyr *Y Seren* a'r *Tyst* gael eu beichio'n ormodol gan fy sgriblo diamcan. Mae'r tri mis tramor ar ben: felly hefyd y dyddiadur hwn.

Blas Virginia, *Dewi Eirug Davies*

Llythyr o America, neu 'Paced Princeton'

(2008)

Mawrth 22 Gorffennaf 2008(1)

'Beth fydd gen ti i mi ar gyfer y Pedair Tudalen?' oedd cwestiwn y Golygydd.* Ciniawa yr oeddem mewn bwyty ym Mhorthaethwy, Ynys Môn, yng ngolwg y bont enwog ddechrau'r haf. Gwyddai fy mod i ar fin gadael ar gyfer fy nghyfnod sabothol a thybiodd y gallai 'Llythyr o America', nid gan ryw Alastair Cooke anghyfiaith ac annigonol ond gan ryw fath o hac Anghydffurfiol Cymreig, fod o ddiddordeb i'w ddarllenwyr. Ac fel pob golygydd neu ddarpar-olygydd roedd ef yn dechrau cael nosweithiau digwsg eisoes ynghylch llenwi ei golofnau. Prin y gallwn wrthod, yn enwedig am i mi lunio 'Dyddiadur America' er mwyn diddanu os nad goleuo darllenwyr *Seren Cymru* a'r *Tyst* pan oeddwn yma saith mlynedd yn ôl. Roedd pethau'n wahanol bryd hynny. Medi 2001 ydoedd, a minnau'n cyrraedd Athrofa Ddiwinyddol Princeton bedwar niwrnod ar ôl trychineb '9/11' a bod yn dyst am dri mis i gyfnod hynod yn hanes yr America fodern. Cofiaf am byth yr olygfa o'r awyren yn hedfan uwchben olion rhwth y Tyrau Marchnad ar waelod ynys Manhatten ar bnawn Sadwrn heulog a braf – y ffleit cyntaf i mewn maes awyr Newark wedi'r alaeth ar fore Mawrth – a'r mwg yn dal i ymgordeddu o'r adfeilion a phawb yn yr awyren yn fud. Mae'r byd wedi newid yn ddirfawr ers hynny a George W. Bush a oedd yn anterth ei boblogrwydd bellach yn wrthodedig megis gan bawb. Efallai na fydd

* Y Parchg John Prichard, golygydd 'Y Pedair Tudalen' sydd ar y cyd rhwng y papurau enwadol *Seren Cymru, Y Tyst* a'r *Goleuad*

hi'n gwbl ddiflas gan grefyddwyr Cymru ddarllen sylwadau gan un o'u rhengoedd wrth i enwau eraill, Barack Obama a John McCain, lenwi ymwybyddiaeth y wlad tra eu bod yn ymgiprys am awenau grym. Tua chan diwrnod sydd rhwng nawr a'r bleidlais dyngedfennol yn Nhachwedd. Byddaf yma tan hynny ac am fis wedi hynny yn ogystal.

Princeton, New Jersey, fydd fy nghartref y tro hwn fel y tro o'r blaen, a llunio dwy gyfrol fydd y dasg mewn llaw. Mae'r gyfrol gyntaf, sef astudiaeth o'r derbyniad a gafodd syniadau'r diwinydd Karl Barth (1886-1968) ym Mhrydain, wedi bod ar y gweill ers tro, ond bydd gofyn i mi roi fy meddwl ar y llall hefyd, sef arweiniad (Saesneg) i'w ddiwinyddiaeth ar gyfer cyfres sydd gan wasg yr SPCK. Beth bynnag am y casgliad o ddeunyddiau ar Barth sydd yn ninas a phrifysgol Basel, sef ei gartref yn y Swistir, mae'r casgliad sydd yng Nghanolfan Barth yn llyfregell Athrofa Princeton yn helaeth dros ben. Bydd hi'n fraint cael bod yno.

Ond mae deng niwrnod cyn cyrraedd New Jersey, felly anelu y byddwn am Virginia, talaith na wn i ddim fawr amdani ar wahân i'r ffaith mai yno y glaniodd y Prydeinwyr gyntaf, yn Jamestown, yn 1607, mai yno y cafwyd rhai o frwydrau mwyaf gwaedlyd y Rhyfel Cartref rhwng 1861 ac 1864, ac yno y claddwyd y bardd mawr Goronwy Owen. Roedd hi'n briodol, felly, mai ym Môn yr oeddem pan addewais lunio'r llithoedd hyn. Ai 'chwilio gem a chael gwymon' fydd y ein hanes yn Virginia ddeheuol? Cawn weld. Mae'n 22 o Orffennaf ar hyn o bryd. Byddwn yn Fredricksburg, Virgina, gyda hyn, gan anelu am Gettysburg, Pennyslvania, ar y ffordd. Mwy am hynny yn y man.

Mawrth 22 Gorffennaf 2008(2)

Pam ymweld â Virginia? Yn un peth am fod taleithiau'r De yn ddieithr iawn i mi. Rwy'n weddol gyfarwydd â mannau eraill yn America, os rhywbeth rwy'n orgyfarwydd â nhw. Mae gen i deulu helaeth yn Ohio, er bod plant fy nghefnderoedd a'r cyfnitheroedd wedi gwasgaru erbyn hyn. Yno yr aeth fy nhad-cu yn y 1920au i chwilio am waith ym melinau Baltimore, Maryland, i ddechrau, gan anelu am Ohio oherwydd yno roedd gwŷr Pontarddulais a'r Hendy wedi mynd os nad i wneud eu ffortiwn o leiaf i osgoi caledi yn yr hen wlad. Aeth mam-gu a'i thri phlentyn i'w ddilyn, sef fy nhad a'i ddau frawd, hwythau yn Gymry glân fel roedd pawb ym mhlwyf Llangyfelach ar y pryd. Ymhen cenhedlaeth aeth fy mam allan a chyfarfod â nhad a phriodi. Roedd y teulu yn rhan o'r diaspora Cymreig a oedd eto'n bod yng nghanol y 1950au. Ac yno, yn Lorain ar lannau Llyn Erie y'm ganed innau yng nghanol y degawd ffyniannus hwnnw, yn America o leiaf. Er i ni ddychwelyd i Gymru yn 1958, roedd gweddill y teulu wedi hen fwrw eu gwreiddiau ac yno y maent o hyd, eu plant o leiaf a'u disgynyddion. Bûm allan ddwsinau o weithiau erbyn hyn, gan ddod i adnabod taleithiau eraill yn ogystal: Massachusetts a Lloegr Newydd gyda dinas odidog Boston yn ganolbwynt iddynt, Efrog Newydd wrth gwrs, yn wir cefais wahoddiad i bregethu yn oedfa Gŵyl Ddewi yr Eglwys Annibynnol Gymraeg yno yn 2000 – tybed a ŵyr Undeb yr Annibynwyr fod eglwys Gymraeg sy'n cyfarfod yn rheolaidd yng nghapel Presbyteraidd Rutgers yng nghanol Ynys Manhattan? Bûm yn Chicago, Illinois, Philadelphia a mannau eraill yn Pennsylvania heb sôn am y tri mis bythgofiadwy ym Mhrinceton yn yr hydref 2001. Yn wir cefais fynd unwaith i Califfornia, ar wahoddiad ewythr i mi a oedd wedi ymddeol i'r heulwen yno er mwyn chwarae golff! Dyna pryd gofynnodd y Parchg I.D.E.Thomas i mi pwy oedd y pregethwr gorau ymhlith fy nghyfoeswyr, ac ni wyddwn sut i'w ateb. Roedd diwylliant 'y pregethwr mawr' wedi darfod erbyn y

1980au. Bellach mae'n perthyn i hen hen hanes. Ond roedd y De yn ddieithr, ac roedd chwant arnaf fynd yno.

Ond roedd rheswm arall am fy nghywreinrwydd hefyd. Flynyddoedd yn ôl cefais lyfr gan dad i gyfaill ysgol i mi, a'i deitl oedd *Blas Virginia*. Aled Eirug oedd y cyfaill, a'i dad, sef y diweddar Dewi Eirug Davies oedd yr awdur. Ffrwyth cystadleuaeth y Fedal Ryddiaith yn yr Eisteddfod Genedlaethol oedd y gyfrol, ac yn gofnod hynod ddiddorol o'i gyfnod yntau yn fyfyriwr mewn coleg diwinyddol yn Richmond, Virginia, rhwng 1961 a 1962. O'r portread o fywyd Virginia a geir yn y llyfr, nid oedd Dewi Eirug yn rhy gysurus yno. Blynyddoedd 'Jim Crow' oeddent, pan oedd y gymuned liw – y negroaid fel y'u galwyd – yn cael eu diystyru a'u gormesu. Kennedy oedd yr arlywydd (er bod blas Eisenhower ar y disgrifio), Rwsia oedd y gelyn ac roedd y 'rhyfel oer', waeth beth am gynhesrwydd yr hin, yn ffaith. Roedd hyn cyn Fietnam, cyn trychineb Dallas pan lofruddiwyd yr arlywydd, cyn ysgydwad Martin Luther King, a hiliaeth eto yn ffaith. Fel mae'n digwydd, roedd cyfrol debyg yn gydymaith ffyddlon i mi pan oeddwn yma o'r blaen, sef *Dyddiadur America* gan Annibynnwr arall, sef Gareth Alban Davies. Ond roedd teimlad y ddau lyfr mor wahanol: Gareth Alban ymhlith rhyddfrydwyr eangfrydig Dartmouth, New Hampshire, yn 1963, a Dewi Eirug ymhlith ceidwadwyr adweithiol Richmond flwyddyn ynghynt. Ni fydd wythnos yn Virginia yn 2008 yn ddigon i brofi blas unrhyw newid, ond bydd hi'n ddiddorol dilyn ôl traed y Cymro saith mlynedd a deugain – ie, 47 o flynyddoedd! – yn ddiweddarach. Does dim rhyfedd mod i'n teimlo'n hen

Iau 24 Gorffennaf 2008

Mae'n rhyfedd beth all ddigwydd mewn diwrnod. Cyrhaeddwyd

Gettysburg, Pennsylvania, yn ddianaf ac mewn pryd i ymweld â maes y gad. Mae'r maes tua thair milltir ar hyd a dwy ar led, ac yn llawn o gofgolofnau yn nodi ymdrech unigolion a thaleithiau yn ystod y tridiau gwaedlyd ym Mehefin 1863. Ar y ffin ogleddol ceir coleg diwinyddol perthynol i'r Eglwys Lwtheraidd. Roedd y coleg yno yn ystod y frwydr ac mae yma o hyd. Nid hwyrach y gofgolofn fwyaf trawiadol yw honno yn ymyl y coleg sy'n dangos Robert E. Lee â golwg

Cofgolofn y Cadfridog Robert E. Lee

hynod urddasol ar gefn ei geffyl, sy'n coffáu meirw talaith Virginia. Pam ddylwn i, sy'n Ymneilltuwr pasiffistaidd, fod â diddordeb yn un o frwydrau mwyaf gwaedlyd y rhyfel rhwng y taleithiau? Cyhoeddwyd y rhyfel yn 1861. Ar y naill law roedd y taleithiau gogleddol gyda'u poblogaeth helaeth, eu grym politicaidd a masnachol, eu hymlyniad wrth egwyddor yr undeb cenedlaethol a'r ffaith eu bod wedi ymwrthod â chaethwasiaeth ers cenedlaethau. Ar y llaw arall roedd y taleithiau deheuol gyda'u poblogaeth fechan, eu chwarter nhw yn gaethweision du eu croen, eu heconomi gwledig, cyntefig, eu cred yn sofraniaeth pob talaith ar wahân, ac, wrth gwrs, diwylliant oedd yn dibynnu ar sefydliad y caethion. Bu'r tensiynau yn mudlosgi ers blynyddoedd, ac yna, gyda'r saethu ar y garsiwn ffederal yn Fort Sumter, Gogledd Carolina, y daeth y rhwyg. Yn Ebrill 1861 dyfarnodd un dalaith ddeheuol ar ôl y llall i gefnu ar yr undeb a grëwyd lai na chanrif ynghynt, yn 1783, a chreu i bob pwrpas genedl newydd, sef Cynghrair y Taleithiau Deheuol, gyda

Richmond, Virginia, yn brifddinas iddi. Roedd 26 miliwn o ogleddwyr a 6 miliwn o ddeheuwyr, ac roedd eu hachos yn anobeithiol o'r dechrau.

Gwarchod ac amddiffyn yr undeb oedd pwrpas Abraham Lincoln, yn 1861 o leiaf, nid dileu caethwasiaeth (er i hyn newid wedi'r 'emancipation proclamation' chwe mis cyn brwydr Gettysburg a ieuodd y rhyfel â mater y caethion). Ac roedd hi'n ffaith fod llawer yn y De yn ffieiddio sefydliad caethwasiaeth eu hunain. Un ohonynt oedd Robert E. Lee, yn ddisgynnydd uniongyrchol i ddau a oedd wedi llofnodi Datganiad Annibyniaeth 1776, yn ffyddlon i egwyddor yr undeb ac wedi sicrhau nad oedd yr un caethwas i'w wasanaethu ef na'i deulu. Roedd ei gartref, Arlington, o fewn golwg Washington, prifddinas y Gogledd, ac ar y ffin eithaf â thalaith Virginia. Roedd yn filwr proffesiynol eithriadol ei barch. Gymaint oedd y parch ato, ei fedr a'i unplygrwydd, fel y bu i Lincoln gynnig arweinyddiaeth y fyddin genedlaethol iddo ac ymhŵedd arno i ymuno yn yr ymdrech i warchod yr undeb. Ond roedd Virginia newydd ddyfarnu o blaid gadael yr undeb ac o dderbyn cynnig Lincoln byddai'n rhaid ymladd yn erbyn ei gyddaleithwyr. Diolchodd am y cynnig ond ni allai, meddai, godi cleddyf yn erbyn ei bobl ei hun.

Roedd trasiedi Robert E. Lee yn rhan o drasiedi cenedl gyfan. Ble mae teyrngarwch dyn yn gorwedd, gyda'i dalaith neu gyda'r undeb? Fe'i penodwyd yn bennaeth byddin Virginia, ac fel cadfridog ni fu ei hafal erioed. Gyda chymorth ei gyd-gadfridogion, Thomas 'Stonewall' Jackson a phennaeth y march-filwyr Jeb Smith, enillodd fuddugoliaethau llachar drwy gydol 1861 ac 1862, ac i mewn i 1863. Carpiog a thlawd oedd ei filwyr o'u cymharu â milwyr niferus y Gogledd, ond roedd Byddin Gogledd Virginia ymhlith y byddinoedd gwychaf a fu erioed. Ond yma, yn Gettysburg, yn haf 1863, y trowyd y rhod. Yn dilyn ymosodiad seithug ar draws milltir o dir agored –

'Pickett's Charge' – gyda'r colledion yn enbyd, bu rhaid i Lee ildio ac arwain ei fyddin yn ôl o Pennsylvania gogleddol i ddiogelwch Virgina. O hynny ymlaen colli tir a wnaed. Mae'r hanes am yr ildio terfynol yn nhŷ'r llys yn Appomatix yn 1865 yn fythgofiadwy. Lee yn edrych yn fwy tywysogaidd nac erioed, yn ildio'i gleddyf i Ulyssus S. Grant a Grant yntau yn dangos parch i'r un y bu'n ymladd yn ei erbyn ers dwy flynedd bron. Urddas a boneddigeiddrwydd ymhlith pobl a fu'n mynnu lladd ei gilydd ers pedair blynedd. Rhyfedd o fyd. Yma, ar faes Gettysburg, mae gwallgofrwydd rhyfel yn fy nharo yn galed iawn.

Llun 28 Gorffennaf 2008

Sôn yr oeddwn y tro diwethaf am ymweld â maes y gad yn Gettysburg, Pennsylvania. Trannoeth buom yn ymweld â'r maes eto, ond o ddod yn ôl i'r gwesty ac yn troi i mewn i'r maes parcio yn y glaw, dyma ddyn ifanc mewn lori fechan yn taro i mewn i gefn y car. Trwy drugaredd roedd y ddau ohonom, Iwan fy mab a minnau yn fyw ac iach, hefyd gyrrwr y lori, ond dyna derfyn ar ddifyrrwch ein diwrnod. Bu'r plismon yn gwrtais iawn, ond roedd y car yn 'write off' fwy neu lai. Diflas, diflas dros ben. Wedi llawer iawn o ffonio llwyddwyd i gael car arall, a'r bore nesaf dyna adael Gettysburg gan anelu am Fredericksburg, Virginia. Roedd hi'n dda gan y ddau ohonom fynd oddi yno. Roedd y ddamwain ei hun yn taflu cysgod drosom, ond rhywsut roedd yr holl foli ar aberth y gorffennol yn ddiflas hefyd. Doedd dim gwadu arwriaeth y milwyr o'r ddwy ochr, ond o feddwl mai gwlad Gristionogol oedd America'r bedwaredd ganrif ar bymtheg, a Christionogion defosiynol oedd eu harweinwyr – roedd hynny'n sicr yn wir am Lee a 'Stonewall' Jackson – roedd yr achos am y gollwng gwaed yn annigonol iawn. Yr un Beibl oedd gan y De a'r Gogledd, a'r un ffydd yn Iesu Grist. Ond ai Tywysog Tangnefedd oedd eu Gwaredwr ai duw y rhyfeloedd? Ac am gaethwasiaeth? Gwaetha'r modd, roedd gormod o bobl yn fodlon cyfiawnhau hynny a'r Beibl yn arf hwylus gerllaw.

Fodd bynnag, Fredricksburg amdani. Dyma ni yn y De bellach. Mae ôl y rhyfel cartref yma hefyd a maes brwydrau yn Spotsylvania a Chancellorsville, lle anafwyd 'Stonewall' Jackson yn angheuol, gerllaw. 'Let's cross over the river and rest in the shadow of the trees' oedd ei eiriau olaf mae'n debyg, a neb yn siŵr ai am y frwydr nesaf neu am wlad Canaan yr oedd yn sôn. Tref daclus, gymen, gymedrol ei maint yw Fredricksburg, ac yn urddasol ei gwedd. Mae'r gwres, fodd bynnag, yn llethol, mor wahanol i'r haf gaeafol y cefnwyd arno yng Nghymru wythnos yn ôl. Ond dylwn i ddim cwyno, mae'n debyg. Er i ni aros yma am ddeuddydd, anelu ymhellach i'r de yw'r amcan er mwyn aros yn Williamsburg. O syllu ar yr enwau Seisnig, brenhinol – y 'Royal', y 'Queen', y 'Princess'- mae'n amlwg fod dylanwad Lloegr wedi bod yn rymus yma ar un adeg. I Jamestown y daeth y Saeson gyntaf, yn 1607, degawd a hanner o flaen y Tadau Pererin, ac mae Williamstown, a'r coleg enwog a enwyd ar ôl y brenin William a Mary ei wraig, yn addurn ar y lle. Os angerdd moesol y Piwritaniaid a geir yn Boston ac yn New England, dylanwad y Tadau Pererin gynt, Anglicanaidd a brenhingar oedd yr ardaloedd hyn. Enwyd y dalaith ar ôl Elisabeth I, y forwyn frenhines, ac ymfalchïai'r bobl yn eu tras fel Cafaliriaid. Nid da ganddynt oedd Pengryniaid Boston. Ond pan ddaeth y rhyfel dros annibyniaeth yn 1776, gwŷr Virginia, a Thomas Jefferson yn anad neb, oedd ar y blaen. Ond i Gymro, yr hyn sy'n arwyddocaol yw'r ffaith mai i'r fan hyn, mor bell o'i gartref ym Môn, y daeth un o feirdd mwyaf y ddeunawfed ganrif, sef Goronwy Owen, ac yma y gorwedd ei lwch. Tybed a gawn gyfle i ddilyn ei lwybrau?

Coleg William a Mary, Williamsburg, Virginia

Mawrth 29 Gorffennaf 2008

Williamsurg, Virginia, cartref coleg enwog William a Mary a chanolfan rhan ddeheuol y dalaith. Rhyw San Ffagan o le yw'r hen dreflan, yr adeiladau o'r cyfnod trefedigaethol wedi eu cymoni a'u hadnewyddu gyda thywyswyr lu yn gwisgo yn nillad y cyfnod ac yn esbonio'i rhyfeddodau i'r twristiaid. 'Y mae Williamsburg yn rhy berffaith o le gyda'i gwelyau blodau o blaniad dynol, y goets heb arni frychni', meddai Dewi Eirug Davies yn *Blas Virginia* o 1961, 'a'r gwisgoedd "colonial" yn ffres a'u plethu fel riwl'. Mae pethau yr un mor 'berffaith' saith mlynedd a deugain yn ddiweddarach, er yn ddigon effeithiol hefyd. Y tywydd trymaidd, myglyd yw'r peth gwaethaf, ond mae'r dref ei hun yn ddigon diddorol. Heol fawr eang, eang yn ymestyn am oddeutu milltir gydag adeiladau o boptu, yn dai, yn weithdai, yn siopau ac yn dafarnau. Tafarn y Raleigh yw'r mwyaf ohonynt, ac yn ganolbwynt bywyd cymdeithasol y gymuned yn y ddeunawfed ganrif. Rhyfedd meddwl i Goronwy Owen gerdded yr heol hon a phrofi ei golygfeydd. 'Goronwy druan', meddai Dewi Eirug eto.

> Fe'i perchid am ei ysgolheictod, ond nid ymddengys ei fod yn arbennig iawn fel athro plant. Achwynai ar ei ddisgyblion anystywallt a byddai yntau yn hwyrfrydig i gosbi'r gweilch. Yn ychwanegol at ei fethiant fel disgyblwr plant methasai â'i ddisgyblu ei hunan – yr oedd y cwrw yn parhau i'w ddenu. Go brin fod croeso i'r clerigwr ym mharlyrau moethus tafarn Raleigh, prif dafarn Williamsburg, a chyrchfan y crach; ond yr oedd eraill wrth law a fedrai dorri syched cystal â'r Raleigh ei hun.

Yma y maen nhw, ar eu newydd wedd, er bod pob ymgais wedi'i gwneud i'w cadw fel yr oeddent, neu fel y mae pobl yn tybio yr oeddent rhwng 1730 a 1776. Mae'r eglwys, Anglicanaidd wrth gwrs, yn olau ac yn ysgafn o'i mewn er yn ddiolwg, braidd, o'r tu allan. Nid yma roedd yr offeiriad o Fôn yn gwasanaethu ond yn Eglwys Sant Andreas, Lawrenceville, sy'n filltiroedd i ffwrdd. Ond rhaid ei fod wedi bod yma yn ystod blynyddoedd Williamsburg.

Athro ysgol oedd Goronwy yn dysgu Lladin yn yr ysgol ramadeg. Roedd ei waith barddonol mawr eisoes wedi ei gwblhau. 'Chwilio gem a chael gwymon'; 'y barchus arswydus swydd'; 'pwy rydd i lawr wŷr mawr Môn'; 'Dydd barn a diwedd byd'. Rhyfedd meddwl faint o'i linellau sy'n glynu yn y cof. Un o arwyddion mawredd, am a wn i, yw bod llinellau fel hyn yn aros; mae'r un peth yn wir am farddoniaeth y telynegwr Elfed er i hwnnw fod allan o ffasiwn ers tair cenhedlaeth o leiaf! Yn un o'i lythyrau at y Morisiaid, mae Goronwy yn bwrw ei hiraeth am Fôn. Collasai ddwy wraig a sawl un o'i blant eisoes, roedd ef heb glywed y Gymraeg ers deuddeg mlynedd a mwy ac roedd Robin, y mab, heb y syniad lleiaf am y farddoniaeth, na'r iaith y'i hysgrifennwyd ynddi. Dyna dynged y bardd. Rhyw syniadau fel'na sy'n mynd trwy mhen wrth i mi gerdded ar hyd llwybrau Williamsburg.

Aethom am dro hefyd i Jamestown a Yorktown, y mannau lle glaniodd y Saeson gyntaf, yn 1607, a cholli'r wlad yn 1783. Y tair llong y *Susan Constant*, y *Discovery* a'r *Godspeed* neu replicas ohonynt yn y porthladd ym Mae Chesapeake. Nid oedd yr un ohonynt fawr fwy na bad pleser, a rhaid bod y caledi wedi bod yn enbyd ar y daith deufis i'r byd newydd. Roedd replica hefyd, eto'n San Ffaganaidd, o dreflan gyntaf Jamestown. Coffeid y dywysoges Pochohontas, merch pennaeth y brodorion, a briododd John Rolfe, un o'r gwladychwyr cyntaf ac arloeswr tyfu tybaco ymhlith y Saeson. Dychwelodd gyda Rolfe i Loegr yn 1617 ond byr fu ei bywyd yn ei gwlad newydd. Bu farw a hithau'n ugain oed a'i chladdu yn Gravesend, Kent, a'i stori ers hynny yn rhan o ramant talaith Virginia. I Virginia hefyd y daeth y cadfridog, yr Arglwydd Cornwallis yn 1781, yn benderfynol o adennill y trefedigaethau i'r goron. Methiant fu ei ymgais, ac yma yn Yorktown y cafodd ei drechu. Rhyfela sy'n cael ei goffáu yma hefyd.

Iau 31 Gorffennaf 2008

Wedi tridiau yng ngwres tesog Williamsburg, dyma ni'n anelu tua'r gogledd. Princeton, New Jersey, yw'r nod, taith diwrnod o fynd ar ein hunion, ond y bwriad yw aros ennyd yn Richmond ac yna aros dros nos yn Washington, D.C.

Richmond yw'r ddinas lle bu Dewi Eirug Davies yn fyfyriwr am naw mis yn 1961-2. Roedd yn weinidog ar eglwys enwog yr Hen Gapel,

Llanbrynmair ar y pryd, a chafodd ysgoloriaeth Cyngor Eglwysi'r Byd, a'i ryddhau o'i eglwys, i astudio yn yr Unol Daleithiau ac i'r Union Seminary, Richmond, yr aeth, coleg a oedd yn perthyn i Bresbyteriaid taleithiau'r De. Daeth yr un cyfle i deithio i eraill o'i genhedlaeth: bu Stanley John yn Ysgol Ddiwinyddol Iâl, D. Eirwyn Morgan a T.J.Davies y Betws yn Union Seminary, Efrog Newydd, Vivian Jones yn Princeton a diau bod eraill wedi treulio cyfnodau mewn colegau eraill. Roedd yr arfer hwn wedi pallu erbyn i mi gyrraedd Bangor yn y 1970au. Fel academydd y bûm i dramor ac nid fel gweinidog. Colled i'r weinidogaeth yw'r ffaith na cheir cyfle i'r gweinidogion ddilyn cyrsiau yn rhai o'r prif golegau diwinyddol mwyach. Ychydig sy gan Dewi Eirug i'w ddweud am y coleg fel y cyfryw, nac am y cwrs y bu'n ei ddilyn. Nid oedd yn gwbl esmwyth yno, mae'n amlwg, nac yn ninas Richmond ychwaith. 'Byw iddi hi ei hun y bydd Richmond, a rhyw droi yn ei hunfan. Pobl Virginia, rhai sydêt a cheidwadol, yw ei phoblogaeth startslyd ... Y mae brwydr fwyaf Richmond heb ei hymladd na'i hennill – y frwydr i ymryddhau ohoni ei hun, ei cheidwadaeth a'i thynnu mewn parhaus'.

Y frwydr o blaid hawliau sifil i'r bobl dduon yw'r islais sy'n rhedeg trwy'r gyfrol *Blas Virginia*. Yn 1961 Comiwnyddiaeth oedd y bwgan, roedd y rhyfel oer yn ei anterth, roedd Martin Luther King yn cael ei ffieiddio a'i ofni – roedd hyn saith mlynedd cyn iddo gael ei lofruddio (a dwy flynedd cyn saethu John F. Kennedy yn Dallas, Texas) – Fietnam heb ddigwydd a phobl y De fel petaent yn dal i wingo o golli'r rhyfel cartrefol. Pobl y cysgodion a phlant yr ymylon yw'r bobl dduon yn naratif y gyfrol: 'Nid yw Richmond bellach yn lladd ei frawd, ond deil yn ddrwgdybus iawn o wŷr y "North". Nid yw chwaith yn cadw'r negro yn gaethwas ond pery yn ei ragfarn a'i snobeiddiwch tuag ato'. Y peth mwyaf cynhyrfus yw'r disgrifiad o'r awdur ac eraill o'i gyd-fyfyrwyr, yn dduon ac yn wynion, yn mynnu cael eu serfio mewn bwyty, er mai bwyty i'r gwynion yn unig ydoedd.

Roedd yn amhosibl i ymwelydd diwrnod fel minnau sylwi ar y newidiadau. Nid yr un byd, wrth gwrs, yw'n byd ni a byd 1961. Sbaeneg bellach yw ail iaith y taleithiau hyn, yn fwy hyglyw ar y strydoedd nac unrhyw iaith arall ar wahân i Saesneg, ac unig iaith llawer o'r brodorion. Mae'n rhyfeddod syfrdan hefyd fod dyn fel Barack Obama yn medru sefyll fel arlywydd yn 2008. Pwy yn 1961 a fyddai wedi breuddwydio y gallai hynny ddigwydd? Treuliais ddwy awr yn Amgueddfa'r Cynghrair, 'The Museum of the Confederacy', ac awr hefyd yn Amgueddfa Talaith Virginia. (Syndod o'r mwyaf, gyda llaw, oedd gweld baner y Ddraig Goch yn cyhwfan yn dalog y tu allan i un o'r cartrefi yn Stryd yr Amgueddfa; ni wn pwy yn y byd oedd yn byw yno!). Canmol gwrhydri'r gorffennol a wnaed gyda Robert E. Lee, Stonwall Jackson, Jeb Stuart a Jefferson Davis yn cael y lle blaenaf, neu felly roedd hi'n ymddangos i mi. Ond roedd un olygfa yn yr amgueddfa yn dweud y cwbl: darlun o Abraham Lincoln yn cael ei drin fel arwr a thywysog gan y bobl dduon ar derfyn yr ymladd yn 1865, ond roedd y bobl wynion yn oeraidd ac yn fud. Ymhlith holl gofgolofnau'r ddinas hon, does yr un i Abraham Lincoln, y gŵr a ryddhaodd y caethion. Ai bwriadol oedd yr anghofrwydd hwn?

Gwener 1 Awst 2008

Ffarwel i Richmond, Virginia, ac ar ein ffordd i Washington DC, ond cyn cyrraedd y brifddinas roedd yn rhaid talu ymweliad â lle bach ag enw digrif, sef Dolphin, yn ymyl Lawrenceville, Virginia. Yng nghanol y wlad mae Dolphin, prin ei fod yn bentref, yn hytrach ychydig o dai wedi eu lleoli o gwmpas swyddfa'r post. Gwyddwn mai yno roedd cartref olaf

Bedd Goronwy Owen, Dolphin, Virginia

Goronwy Owen o Fôn ac yno y ceir ei fedd. Roeddwn wedi darllen yn rhywle fod cofgolofn iddo yn Lawrenceville, wrth Eglwys San Andreas lle bu'n offeiriad rhwng 1762 a'i farw yn 1769. Ond roedd Dolphin filltiroedd o Lawrenceville. O chwilio o gwmpas Dolphin fechan doedd dim argoel o eglwys, mynwent na chladdfa o fath yn y byd. Dyna fentro i mewn i'r swyddfa bost. 'Ymwelydd ydwyf o Gymru. Rwy'n deall mae yn y fan hyn y claddwyd un o'n poetau enwog ni. A wyddoch chi rywbeth amdano?' Yn ffodus iawn, roedd y ferch y tu ôl i'r cownter yn medru'n cyfarwyddo at rywun a wyddai am y bardd. Cawsom groeso tywysogaidd gan ŵr a gwraig annwyl, annwyl a oedd wedi hen arfer ag arwain Cymry at y beddrod. Bu criw camera yno flwyddyn neu ddwy ynghynt, yn gwneud rhaglen ddogfen. 'Roedd un ohonyn nhw – Jerry oedd ei enw os rwy'n cofio'n iawn – yn Americanwr ond eto roedd yn medru siarad Cymraeg', meddai'r gŵr bonheddig yn syn. Fy nghyfaill a'm cydweithiwr Jerry Hunter o Ysgol y Gymraeg ym Mangor oedd

Tŷ Goronwy Owen, Dolphin

hwnnw, wrth gwrs, a fu yma gydag Ifor ap Glyn yn paratoi un o'u raglenni ar y Cymry a Chaethwasiaeth ar gyfer S4C. Nid oedd y gŵr bonheddig yn gorgymeradwyo rhaglen ar gaethwasiaeth; mae cydwybod y De yn dyner o hyd, ond aeth ef a'i wraig allan o'u ffordd i'n helpu ni. 'Af fi â chi yno yn awr', meddai. 'Does dim rhaid i chi', meddwn. 'Rhowch y cyfarwyddiadau; wnaf ei ffeindio fe fy hun'. 'Na wnewch chi byth', meddai, a gwir oedd y gair!

Fe'n gyrrwyd mewn cerbyd gyriant pedair olwyn i'r tu hwnt i'r pentref, ar draws cae, i lawr llwybr anial am tua tri chwarter milltir nes cyrraedd man a oedd yn anhygyrch i'r cerbyd hyd yn oed. Allan â ni gan dorri'r drysni a oedd ar y llwybr nes dod o hyd i adfail, sef pedair wal, dau lawr, bwlch lle bu drws unwaith, a chorn simnai o frics coch. Roedd y gwres canol haf yn llethol a gwybed pigog ym mhob man. Dyna gartref Goronwy Owen o Fôn. Tybaco oedd y cnwd a dyfwyd gan y bardd, neu gan ei gaethweision o leiaf, er mwyn ychwanegu at ei gyflog fel offeiriad.

Cofgolofn Goronwy Owen, Lawrenceville, Virginia

Mae'r lle yn anial, ymhell o bob man, yn 2008. Sut yn y byd oedd pethau yn 1762? Roedd y gwron a'n tywysodd wedi'i fagu yn y lle, a bu'n arfer ganddo yn blentyn saethu cwningod gyda'i dad ar hyd y llwybr hwn. Ni wyddai ddim am Goronwy y pryd hynny, ond cafwyd adfywiad yn y diddordeb am y bardd yn 1959, adeg daucanmlwyddiant ei farw. Dyna pryd y bu John Gwilym Jones (nid y Parchedig) yn darlithio arno yn Williamsburg a Lawrenceville, a chyhoeddi ei ddarlith 'Goronwy Owen's Viriginian Adventure'. Nodir helyntion y bardd yn y llyfrau hanes lleol. 'Awn ni at y bedd?', meddai. Ac yno, mewn bwlch yng nghanol y coed a'r drysni, roedd carreg syml a'r geiriau, yn Saesneg, wedi'u cerfio arni: 'Beddrod Goronwy Owen'. Fel roedd hi'n digwydd, roedd coeden gyfan wedi torri a syrthio ar ei thraws. Mae'n dda bod Iwan, fy mab, yn un cyhyrog. Rhwng y tri ohonom codwyd y cyff, a buom yn trwsio, cymoni a glanhau'r garreg. Goronwy helbulus druan, yn hiraethu am Gymru, ac yn fwy byth yn hiraethu am Fôn gan wybod nad âi fyth yn ôl. A dyma ddau bererin o Gymru, bron i ddwy ganrif a hanner wedi'i gladdu, yn cymoni ei fedd. Wedi canu'n iach i'r tywysydd rhadlon a'i wraig annwyl, dyma ni'n anelu am Lawrenceville. Tref gysglyd, ddigynnwrf i bob golwg, ac yno, yn ymyl eglwys San Andreas gofgolofn ar ffurf croes Geltaidd ac arni, yn Gymraeg, yr arysgrif:

I ogoneddu Duw ac i goffáu Goronwy Owen (1723-69)
Clerigwr, Bardd, Gwladgarwr, Emynydd, Athro,
Llythyrwr, Ysgolhaig Clasurol, Cymrodor a Saer Rhydd
    "Cerais fy ngwlad geinfad gu"

Roedd y gofadail hardd wedi ei chodi gan 'Gymry Gogledd America a Chymdeithas Awen Virginia' yn ôl yr arysgrif, ac roedd yn wir deilwng o'i gwrthrych.

Roedd hi'n dda ein bod wedi ymweld â Dolphin fechan ac ag eglwys landeg Lawrenceville, Virginia, er mai adeilad diweddarach oedd yr eglwys ei hun. 'Gorau Cymro Cymro oddi cartref' meddai'r hen air. Roedd dau Gymro o leiaf yn meddwl lawer am Gymru y pnawn poeth, myglyd hwnnw.

Llun 22 Medi 2008

Mae'n bryd cael diweddariad yn y Llythyr o America. Er i'r adroddiadau ymddangos yn gyson yn y Pedair Tudalen, herciog ac ysbeidiol yw'r ysgrifennu. Cystal dweud fy mod wedi bod yn Princeton ers mis-a-thri-chwarter erbyn hyn, bod Iwan fy mab yn ôl yng Nghymru ers mis ac mae Ann, fy ngwraig, wedi dod draw ers tair wythnos. Felly er i ni sôn y tro diwethaf am Goronwy Owen, mae cryn amser wedi mynd heibio ers i ni fod ar ei lwybr ac yn clirio'r dail o'i fedd. Nid yw'r newydd-deb fodd bynnag wedi pallu, ac rwy'n dal i gael fy nghyfareddu gan haelioni'r bobl a derbyn budd rhyfeddol gan y gwmnïaeth yma yn y ganolfan academaidd a berthynaf iddi. Ac mae America hithau, er yn gwylltio dyn yn gaclwm yn aml, yn dal i hudo. Gair, felly, am fy nghartref newydd-dros-dro yn Princeton i ddechrau.

Treflan hanesyddol yw Princeton, yn nhalaith New Jersey, hanner ffordd rhwng dinasoedd mawrion Efrog Newydd a Philadelphia. Nid yw'n fawr o ran maintioli, heb fod lawer yn fwy na Bangor y byddwn yn tybio, ond yn gyfoethocach o lawer ar gyfrif y sefydliadau addysgol sydd ynddi, y Brifysgol, yr Athrofa Ddiwinyddol, y Ganolfan Uwchefrydiau lle bu Albert Einstein yn gweithio, yr Ysgol Gerdd ac yn y blaen. Mae'n lle hwylus i wŷr busnes ariannog ymgartrefu, a theithio nôl ac ymlaen naill ai i Efrog Newydd neu i Philadelphia yn eu moduron moethus. Nid bod y gwŷr busnes yn gysurus ar hyn o bryd ar gyfrif y trafferthion ar Wall Street, ond mwy am hynny yn y man. Enw'r papur lleol yw *The Princeton Packet*, a rhyw fath o ymgais wantan i adlewyrchu hynny yw'r pennawd uwchben yr ychydig sylwadau hyn. O ran y lle rwy'n fy nghael fy hun, y Ganolfan Ymchwil Ddiwinyddol yw ei enw os dyna gyfieithiad cywir 'The Center – sylwch ar y sillafiad – for Theological Inquiry'. Mae'n well gen i'r teitl Y Ganolfan Uwchefrydiau Diwinyddol. Un o brif atynfeydd y lle yma i mi yw'r llyfrgell odidog yn yr athrofa ddiwinyddol drws nesaf. Ar wahân i lyfrgell y Fatican, dyma lyfrgell ddiwinyddol orau'r byd, medde nhw, ac mae'r cwbl ar silffoedd agored; does dim rhaid gofyn i bobl gyrchu llyfr i chi, cewch fynd ar eich union i'w ôl a gweld beth sydd ar y silffoedd drosoch eich hunan. Ond mwy am y serendipidi hwnnw hefyd maes o law.

Yr un pwnc sy'n llyncu sylw pawb yw'r etholiad arlywyddol, ac mae'n rhaid cyfaddef ei fod yn gyfareddol o ddiddorol. Ni fu etholiad mwy tyngedfennol ers degawdau ac mae'r teimladau y mae'n eu corddi yn ysgwyd pobl hyd y gwraidd. Er i George Bush a'r Gweriniaethwyr fod yn hynod amhoblogaidd, nid yw'r amhoblogrwydd yn troi yn gefnogaeth awtomatig i'r Blaid Ddemocrataidd nac i Barack Obama. Ar y llaw arall, mae'r bobl sy'n edmygu Obama – ac rwy'n fy nghyfrif fy hun yn un ohonynt – yn tueddu i'w edmygu hyd eithafion sy'n dân ar groen John McCain, ei wrthwynebydd. Yr hyn sy'n gwylltio McCain fwyaf yw'r ffaith fod Obama mor ddigynnwrf. Mae'n anodd meddwl am ddau sydd mor wahanol i'w gilydd: y naill yn ddyn ifanc, du ei groen, academaidd ei osgo ac yn ddigynnwrf ei natur, a'r llall yn hŷn – yn 72 oed; bydd yn 76 ar ddiwedd ei gyfnod arlywyddol petai'n cael ei ethol – yn filitarydd rhyfelgar diedifar, yn wyllt ei dymer ac yn gynrychiolydd holl fuddiannau'r bobl wynion. Nid eu golwg na'u hosgo sy'n tynnu'r gwahaniaeth rhyngddynt ychwaith, ond eu gwerthoedd. Cynhaliwr y statws quo yw McCain, cefnogwr y farchnad rydd, lladmerydd militariaeth Americanaidd ac un sy'n ymgorffori'r duedd i edrych i mewn ac i ofni pawb arall gan dybio eu bod yn elynion i'w wlad. Mae Obama, ar y llaw arall, yn gwbl groes i hynny: yr amgen am newid yw ei bregeth fawr, yr anogaeth i edrych allan yn hytrach na bod yn fewndröedig, bogailsyllog, ac i drin cenhedloedd eraill yn gall yn hytrach nac yn ofnus neu yn falch. Does dim rhyfedd iddo apelio i bleidleiswyr ifainc yn eu lluoedd. Mae tinc John F. Kennedy a Martin Luther King yn ei lais ac mewn dyddiau sinigaidd, mae'n cynrychioli delfrydiaeth ac optimistiaeth. Does dim amheuaeth mai ef a gaiff bleidlais talaith New Jersey a'i enw ef sydd wedi'i blastro ar geir a chartrefi yma ym mhob man. Mae'n rhwym, felly, o ennill yn genedlaethol ym Mis Tachwedd? Nid felly, gwaetha'r modd, ac mae i grefydd le yn yr hafaliad hwnnw. Ond mwy am hynny y tro nesaf.

Llun 29 Medi 2008

Un o'r pethau sy'n nodi'r gwahaniaeth rhwng y wlad hon â Chymru ac â Phrydain yn gyffredinol yw'r lle a roddir i grefydd yn y diwylliant. Os oedd y diwylliant poblogaidd Cymreig yn Gristionogol yn Oes Victoria ac ar ddechrau'r ganrif o'r blaen, dyna sy'n wir am y diwylliant cyffredin yn America ar ddechrau'r unfed ganrif ar hugain. Fel un sydd wedi bod yn ymweld â'r wlad hon yn weddol gyson er canol y 1970au, yr argraff a gaf yw ei bod hi'n mynd yn *fwy crefyddol fyth* bob tro y dof yma. Sonnir yn aml am 'American exceptionalism', fod teithi'r wlad os nad yn unigryw, o leiaf yn wahanol i'r hyn a geir mewn mannau eraill. Yn ôl y profiad Ewropeaidd, gyda diwydiannu y ceir seciwlareiddio, ac mae trefoli yn golygu fod y bobl gyffredin yn symud ymhellach fyth oddi wrth arferion crefyddol a ffydd yn Nuw. Y mannau cyntaf i golli eu crefydd oedd y dinasoedd mawr; roedd modernrwydd, trefoli a secwlareiddio yn mynd law yn llaw.

Os oedd hynny'n tueddu i fod yn wir hyd yn oed yn yr Unol Daleithiau ar ddechrau'r ugeinfed ganrif, nid dyna sydd wir bellach yn ôl a welaf fi. Mae'r eglwysi yn ffynnu yn y dinasoedd, nid lleiaf y 'megachurches', math ar bentrefi cyfan sy'n creu isfyd crefyddol ar gyfer eu haelodau lle nad yw'r 'byd' yn cael ymyrryd dim, ac ymhobman arall mae capeli ac eglwysi i'w gweld mewn cyflwr ffyniannus dros ben. Ar un wedd mae rhywbeth braf yn hynny. Nid oes rhaid i mi ymddiheuro am fod yn Gristion neu fod yn un o'r 'ddau neu dri', oedrannus yn amlach na heb, sy'n troi am y cwrdd ar fore Sul. Ar wedd arall mae rhywbeth peryglus ynddo a ddylai anesmwytho pawb a ŵyr rywbeth am grefydd y Beibl. Trwy gyfrwng 'y gweddill' ac nid y trwch y cyflawnodd Duw ei fwriadau yn yr Hen Destament, ac i'r 'praidd bychan', yn ôl yr Arglwydd Iesu, yr addawodd y Tad y deyrnas. Un peth sydd i'w weld ar goll yw'r nodyn proffwydol; pwy sydd yma a fydd yn herio'r statws quo?

Sôn yr oeddwn y tro diwethaf am yr etholiad, a'r tebygrwydd, neu'r annhebygrwydd, y bydd Barack Obama yn ennill ym Mis Tachwedd. Erbyn i'r sylwadau hyn ymddangos, efallai bydd yr etholiad wedi digwydd ac y cawn wybod. Os bydd yn ennill, byddai wedi argyhoeddi *crefyddwyr* y gallai fod yn arlywydd da. Y perygl yw bod gormod o grefyddwyr sy'n trin crefydd fel opiwm, fel rhywbeth sy'n sancteiddio grym, sy'n cyfiawnhau militariaeth America doed a ddelo ac sy'n cynnal yn hytrach na herio'r drefn. Gwelwyd hynny yn glir iawn mewn cyfweliad cyhoeddus ag Obama ac a John McCain, ei wrthwynebydd, a gynhaliwyd mewn 'megachurch' – ai 'uwcheglwys' yw'r cyfieithiad? – o'r enw Saddleback yng Nghalifffornia ychydig yn ôl. Gŵr o'r enw Rick Warren, 'gweinidog' Saddleback a drefnodd yr ornest, – sut y gall neb fod yn weinidog ar eglwys o dros 20,000 o aelodau sy'n ddirgelwch i mi – ac arwydd o rym yr 'Adain Dde Grefyddol' oedd bod y ddau ymgeisydd o dan orfodaeth, i bob pwrpas, i ymddangos er mwyn amddiffyn eu polisïau. Er bod Warren, a bod yn deg iddo, yn arddel syniadaeth oleuedig yn ôl safon yr efengyleiddwyr newydd, eto McCain a gafodd y gymeradwyaeth uchaf gan y gynulleidfa. Ni fu'r ffaith fod Obama yn Gristion o argyhoeddiad sy'n fodlon arddel ei ffydd a'i chymhwyso at ddrygau cymdeithasol amlwg, fel y gwnaeth pan oedd yn drefnydd gweithgareddau sifil yn Chicago yn y 1990au, o fawr help iddo ar y noson. Oeraidd oedd y croeso a gafodd tra bo McCain, nid yw'n nodedig am ei safiad crefyddol, wedi'i anwesu gan y bobl fel mab. Pam? Am iddo sôn llawer am ei brofiad militaraidd, am yr angen i amddiffyn America rhag y gelyn, ac am y ffaith fod rhyfela yn gyfiawn yn ôl canonau crefydd sifil y wlad. Cwestiynwyd y ddau ohonynt ar fater erthylu, sy'n gwestiwn moesol dreiniog dros ben. Ateb diamwys a pharod a roes McCain, nad oedd yn adlewyrchu'r ffaith fod y Beibl yn dweud y nesaf peth i ddim ar y pwnc, a bod diwinyddion y traddodiad Catholig hyd yn oed fel Awstin Fawr ac Thomas Acwin heb fod yn siŵr ynghylch pryd yn union mae bywyd yn dechrau yn y groth. Ofer, ysywaeth, oedd chwilio am dir cyffredin rhwng pawb: fod erthylu yn drychineb hyd yn oed os yw'n anorfod ar dro, fod gan y wlad ddyletswydd i ofalu am ei phobl ifanc, ac y dylid addysgu ffeithiau rhywiol mewn modd cyfrifol i bawb. Yr unig atebion derbyniol oedd y rhai diamwys, du-a-gwyn, slic. McCain a enillodd yr ornest, er i atebion Obama fod ganwaith yn fwy meddylgar, ystyriol a deallus.

Karl Barth, fel proffwydi'r wythfed ganrif cyn Crist, a ddywedodd fod 'crefydd' yn medru bod yn fwy o fagl nag o iachawdwriaeth. Mae hynny'n enbyd o wir yn y wlad gymhleth, amryliw, gyfareddol hon.

Llun 13 Hydref 2008

Ac yna ymddangosodd, megis o unman, y rhyfeddod hwnnw o'r enw Sarah Palin! Dweud yr oeddwn yr wythnos ddiwethaf am grefyddolder llethol yr Unol Daleithiau hyn, lle crefydd yn y bywyd cyhoeddus, a'r ffaith ei bod hi'n amhosibl, bron, i neb gael ei ethol yn arlywydd, neu yn is-arlywydd, heb ei fod – neu hi – yn arddel y Ffydd Gristionogol. I'r sawl sy'n credu fod Cristionogaeth yn 'beth da' – ac mae darllenwyr y Pedair Tudalen oll yn eu plith, gallwn dybio! – gallai hyn fod yn beth gwych, ond fel yr awgrymwyd y tro o'r blaen, peth amwys yw 'crefydd', a gellid dehongli 'Cristionogaeth' mewn mwy nag un ffordd. Erbyn i ddarllenwyr *Seren Cymru*, *Y Goleuad* a'r *Tyst* ddarllen y geiriau hyn, bydd yr etholiad yn hanes. Nid proffwyd mo'r awdur hwn, ond dyma baragraff neu ddau ar ymateb y wlad i Ms Palin ar ddechrau Mis Hydref. Ac mae i grefydd eto le yn yr argraffiadau hyn.

Pan ddadorchuddiodd McCain lywodraethwr Alaska a'i chyflwyno i'r byd, ni wyddai neb ddim oll amdani. Pan ddaethpwyd i wybod ei bod hi o blaid hela, yn aelod oes o'r Gymdeithas Dwyn Arfau ac yn perthyn i eglwys Bentecostalaidd a oedd yn credu yn y 'cipiad' ac ailddyfodiad buan Iesu ar y cymylau, mawr fu'r gorfoledd ymhlith ffyddloniaid y Blaid Weriniaethol. Ar ôl traddodi araith liwgar, mor liwgar â'i minlliw a'i gwisg, yng nghynhadledd ei phlaid, saethodd boblogrwydd y Gweriniaethwyr i fyny a bwrw Barack Obama i'r cysgodion. Y broblem, wrth gwrs, oedd ei diffyg profiad ar y llwyfan cenedlaethol – sef yr union beth roedd McCain yn cyhuddo Obama ohono. Ond yn araf daeth llu o anghysonderau i'r golwg: aflerwch ei threfniadau domestig er gwaethaf ei sêl dros werthoedd teuluol; celu'r gwir ynghylch derbyn arian y wladwriaeth i gynnal prosiectau yn Alaska, sef y 'bont i unman' bondigrybwyll; camddefnyddio'i phŵer fel pennaeth ei thalaith i ddiswyddo pobl nad oedd ei theulu yn eu hoffi ac yn y blaen. Un peth oedd yn amlwg oedd na chaniateid i newyddiadurwyr ei holi hi ynghylch y pethau hyn. Tra bo pawb arall yn y bywyd cyhoeddus yn gorfod amddiffyn eu hunain a'u polisïau, fe'i heithriwyd hi rhag y ddisgyblaeth hon.

Ac yna daeth y *denoument*. Yn un peth, wedi hir berswâd, bodlonodd gynnal cyfweliad ar raglen deledu, ac roedd hi'n amlwg nad oedd yn deall, chwaethach yn medru ateb, y cwestiynau a ofynnwyd iddi hi. Roedd hi'n boenus o amlwg ei bod hi'n hollol anwybodus ynghylch y byd ac yn anneallus yn ei hymateb iddo. Ar ben hynny, nid oedd yn medru llunio brawddeg a oedd yn gwneud synnwyr; pan ofynnwyd a oedd ganddi ddigon o brofiad i fod yn is-arlywydd mewn rhyfel, siaradodd ryw ddwli ynghylch medru gweld Rwsia o'i thŷ a bod Vladimir Putin wedi bod yn hedfan uwchben Alaska! Roedd y peth yn bisâr! Yr ail beth oedd y driniaeth a gafodd gan y gomedïwraig Tina Fey. Trwy ei dynwared ar ei rhaglen deledu dangosodd i'r genedl pa mor anneallus ydoedd mewn gwirionedd. Trowyd Ms Palin o fod yn feseia i fod yn jôc.

Mewn ymgyrch etholiadol ailadroddus a hir, roedd hi'n braf cael rheswm i chwerthin dros dro. Ond mae sawl peth sy'n peri pryder a braw. Dyna'r sinigiaeth a barodd i John McCain ei dewis hi yn y lle cyntaf: ennill yr etholiad ac nid sicrhau lles y wlad na diogelwch y byd oedd yr unig beth pwysig ganddo. Ar ben hynny, sut y gallai person sy'n ymfalchïo yn ei hanwybodaeth gyrraedd mor bell? Dyma wraig na fu dramor odid erioed, na wyddai'r peth lleiaf am wledydd, diwylliannau a gwareiddiadau eraill ac nad oedd yn gyfarwydd ag amrywiaethau ei wlad ei hun, ond eto yn hynod boblogaidd ymhlith miliynau o'i chyd-Americaniaid, mor boblogaidd nes ymddiried ynddi i lenwi ail swydd fwyaf cyfrifol y byd. Y bobl oedd yn gweiddi hwre iddi hi oedd yr union rai a oedd yn ffieiddio Barack Obama *am* fod wybodus, yn ddeallus ac yn ddiwylliedig. America, mae'n ymddangos, yw'r unig wlad yn y byd lle mae gwybodaeth a deallusrwydd yn *anghymhwyso* person i fod yn arlywydd! Yn ei 'dadl' deledu yn erbyn Joe Biden, y darpar is-arlywydd Ddemocrataidd, llwyddodd Palin i ddangos ei hanwybodaeth affwysol drachefn.

Gweld ein gilydd yr ydym, fel yr oedd pobl pentref Pen-y-groes, Llanelli, yn arfer ei ddweud. Gwn ei bod hi'n hawdd beirniadu pobl eraill, 'na farner, ac ni'ch bernir'. Ond mae rhywbeth annymunol mewn gweld gwraig sy'n arddel crefydd mewn ffordd ddiamwys iawn, yn lladd ar ei chydymgeisydd ac awgrymu ei fod yn fradwr, yn an-Americanaidd (am fod ganddo enw anghyffredin – Barack Obama – ac mai Hussein yw ei enw canol), a bod ei brofiad o weithio ymhlith anffodusion Chicago yn hytrach na gwneud arian yn anwlatgar, rywsut.

A fydd McCain-Palin yn ennill yr etholiad? Fe wyddoch chi yr ateb i'r cwestiwn hwn. Fy mhryder i yw y bydd gormod o Americaniaid 'cyffredin' bleidleisio i dwpdra os yw'n chwifio'r faner genedlaethol na deallusrwydd os yw'n agored i'r eangderau'r byd.

Llun 27 Hydref 2008

Dyma fi wedi bod yma yn Princeton ers Mis Awst, yn aelod o ganolfan ymchwil ddiwinyddol ac yn perthyn i gymuned o academyddion

Yr ymchwiliwr

rhyngwladol. Mae'n bryd i mi ddweud rhywbeth am fy ngwaith ac am y gwmnïaeth hynod rwy'n ei chadw. Mae yna ddeuddeg ohonom, rhai yma am ran o'r flwyddyn ac eraill yma am y flwyddyn gyfan, ac yr ydym yn dod, yn llythrennol bron, o bedwar ban y byd. Ni pherthynais erioed i gwmni mor egsotig gydwladol â hon. Mae un cymydog drws nesaf yn dod o'r Iseldiroedd (ble bu ei dad yn weinidog yn y llywodraeth a'i dad-cu, Willem Drees, yn brif weinidog o'i flaen) a'r llall yn dod o Seland Newydd. I fyny'r ffordd mae diwinydd o Dde Affrica a fu'n flaenllaw yn y mudiad gwrth-apartheid yn y 1980au, yna mae gŵr ifanc a'i deulu o Fecsico, diwinydd ffeministaidd o Frwsel sy'n gweithio ym Mharis, cymdeithasegydd crefydd o Frasil, heb sôn am Sais, Awstralydd, Almaenwr a thri Americanwr. Mae pennaeth y sefydliad, William Storrar, yn Albanwr, yn gyn-athro ym Mhrifysgol Caeredin, ac fel Sean Connery, yn aelod gweithredol o'r SNP, ac yna mae diwinydd Calfinaidd o'r enw Yang En sy'n dod o Taiwan. Yr ydym yn cyfarfod unwaith yr wythnos am ginio, unwaith yr wythnos am de, unwaith yr wythnos i weddïo gyda'n gilydd ac unwaith pob pythefnos am sesiwn dwy awr i wrando ar ein gilydd yn rhoi papurau. Mae fy nhro i yn dod Nos Fercher. Gobeithio na fydd y cwestiynau yn rhy llym!

Tipyn yn anarferol mewn cwmni fel hwn yw cael Cymro yn eu plith. William Storrar, a fu yn Aberystwyth yn 1993 yn annerch mewn rali o blaid datganoli, yw'r unig un sy'n gwybod am Gymru a'i chenedlaetholdeb fel y cyfryw. Mae'n eithaf tebyg eu bod nhw'n fy ystyried i fymryn yn egsotig hefyd. Ond digwyddodd un peth hynod ar y dechrau nôl ym Mis Awst. Pan gyflwynais fy hun i'r cwmni, gofynnodd Yang En o Taiwan, 'Ydych chi'n nabod Carys Humphreys?' Un o Borthmadog yw Carys a fu'n rhan o'r ymchwydd mawr ysbrydol a drawodd ieuenctid Llŷn, Arfon ac Eifionydd ar ddechrau'r 1970au ac a deimlodd alwad i fynd i'r maes cenhadol. Peth anarferol oedd i ferched fynd i'r weinidogaeth y pryd hynny, ond mynd tramor oedd dymuniad Carys. Aeth i weithio trwy'r Hen Gorff i Eglwys Bresbyteraidd Taiwan, ac yno y mae hi byth, yn fawr ei pharch a'i hanwyldeb, mae'n amlwg, ac yn hysbys i fy nghyfaill Yang En a'i gyd-arweinwyr Cristionogol yn Nhaiwan.

Harri Parri, os cofiaf yn iawn, oedd ei gweinidog ym Mhorthmadog, a pharodd hynny i mi feddylu. Cyrhaeddodd Alwyn Daniels a finnau Goleg Bangor yn 1972 a daethom yn rhan o fwrlwm fawr ysbrydol a oedd yn taro'r ieuenctid yno ar y pryd. Cefais fy hun yn rhannu ystafell ag Arfon Wyn, y canwr pop Cristionogol, a thynnodd ef fi i raliau mawr a oedd yn cael eu cynnal pob penwythnos mewn mannau ar draws y gogledd: Pen Llŷn, Dyffryn Clwyd, Corwen, Ynys Môn ac yn y blaen. Roedd gweinidogion fel Harri Parri a'r diweddar, ysywaeth, Gwilym Ceiriog Evans a Gareth Maelor yn cynnig arweiniad yng nghanol y frwdaniaeth, ac rhwng popeth roedd hi'n gyfnod cynhyrfus iawn. Ni welais gymaint o fynd ar grefydda ymhlith pobl ifainc erioed, a chododd bechgyn sydd yn y weinidogaeth, ac yn ffyddlon iddi hyd heddiw. Mae'n bur debyg fod golygydd y Pedair Tudalen yn cofio'r cyfnod, a'r cynnwrf, yn iawn.

Gwn nad cynnwrf sy'n creu crefydd, a bod angen rhywbeth mwy na sêl os yw'r peth am barhau. Yn ôl y cof sy gen i, roedd angen mwy o ddisgyblaeth foesol a diwinyddol ar y digwyddiadau, ond pan ddaeth y ddisgyblaeth athrawiaethol yn ddiweddarach, collwyd cryn dipyn o'r hwyl a daeth deddfoldeb a pharodrwydd i weld bai, ac yna darfu am y cynnwrf. Ond efallai mai fy nghof i sy'n pallu. Un peth sy'n wir yw bod y cyfnod hwnnw, rhwng 1970 a 1976-7 dyweder, yn bwysig i genhedlaeth gyfan o Gristionogion Cymraeg, Carys Humphreys o Taiwan yn eu plith, ac y dylai rhywun fynd ati i wneud cofnod ohono cyn y bydd yr atgof yn diflannu.

Harri Parri, os ydych yn darllen y sylwadau hyn, beth am i chi fynd ati i lunio hunangofiant. Mae'r defnyddiau wrth law eisoes, yn eich cyfrol *Achub Lyfli Pegi*. Byddaf yn troi ati o bryd i'w gilydd o hyd er mwyn ail-fyw dyddiau dedwydd ieuenctid pan oedd y deyrnas fel petai yn gwawrio yn y Gymru Gymraeg. Chi oedd arweinydd a phroffwyd cymaint o'r bobl ifainc y pryd hynny, a byddai'ch atgofion chi yn ddogfen werthfawr er mwyn deall darn o hanes Cristionogaeth ddiweddar Cymru – sy'n ymddangos mor bell yn ôl. Astudio hanes yr eglwys yw fy nhasg i yma yn Princeton, ac mae tuedd gennym i feddwl fod hynny yn cynnwys yr eglwys fore, neu'r Diwygiad Protestannaidd, neu Ddiwygiad Efengylaidd y ddeunawfed ganrif, ond y gwir yw bod Duw ar waith yn ei eglwys o hyd. Mae'n ddyletswydd arnom i ystyried yr hanes diweddar yn ogystal â'r hanes pell, a'r pethau bychain, chwedl Dewi Sant, yn ogystal âr pethau mawr. Beth amdani Harri? Yr ydych yn llenor gwych ac yn arweinydd ysbrydol. Byddai eich atgofion yn drysor amhrisiadwy. A dyna ddolen rhwng Porthmadog, Taiwan a'r Unol Daleithiau, hanner byd i ffwrdd a hanner oes i ffwrdd hefyd.

Llun 3 Tachwedd 2008

Cefais y fraint ddoe, a hithau'n Ddydd Sul, i weinyddu mewn oedfa gymun yn y capel lle bûm yn ei fynychu er Mis Awst, sef Cynulleidfa Crist – 'Christ's Congregation' – neu Eglwys Fedyddiedig/Annibynnol Princeton. Jeff Mays yw'r gweinidog ac mae wedi bod yma yn gweini i'w braidd bychan ers chwarter canrif a mwy. Ac mae'r praidd yn fychan o gymharu â rhai eglwysi'r dref hon. Tua chant o aelodau sydd yno, a chynulleidfa o drigain neu fwy sy'n cynnwys rhychwant weddol dda o wahanol oedrannau. Mae'r capel ei hun yn fodern a braf. Mae'r bensaernïaeth yn olau ac ysgafn gyda llawer iawn o wydr, a thŵr pigfain uwchben. Mae pobl yn dweud nad eglwys yw capel a chyfrinach eglwys yw ei chymdeithas, nid ei hadeilad, ac mae'n debyg eu bod yn dweud y gwir. Ond bûm yn pregethu mewn gormod o gapeli Cymreig sy'n debycach i ysguboriau Fictoraidd nag i aelwydydd ysbrydol, ac y maent yn gwbl anaddas ar gyfer yr unfed ganrif ar hugain. Nid peth dibwys mo adeilad. Gwyn eich byd os ydi'ch capel yn gysurus ac yn fodern. Yn bendifaddau un cysurus a modern yw'r capel hwn.

Y ddau enwad sy'n rheoli yma yn Princeton, ar wahân i'r Pabyddion, yw'r Presbyteriaid a'r Esgobyddion. Eiddo i'r Presbyteriaid oedd Princeton o'r dechrau; sefydliad Presbyteraidd oedd y brifysgol a sefydlwyd yn 1746, felly hefyd yr Athrofa Ddiwinyddol a sefydlwyd yn 1812. Mae dau gapel Presbyteraidd yn y dref, un yn Nassau Street sef yng nghanol yr heol fawr, a'r llall ar Witherspoon Street heb fod ymhell, ond nid yw mor grand o bell ffordd. Capel y byddygions – y 'crachach' i ni, pobl De Cymru – yw Nassau Street, mae'n fawr, yn gyfoethog ac yn

Capel Cynulleidfa Crist, Princeton

dra, dra ysblennydd. Mae yno dri gweinidog heb sôn am ei staff gweinyddol, ac mae'r lle yn sefydliad yn ogystal â bod yn eglwys. Mae'n cynnal dwy oedfa ar fore Sul a gweithgareddau amrywiol, yn gymdeithasol, yn ddiwylliannol yn ogystal â chrefyddol, ar hyd yr wythnos. Gwynion yw'r rhai sy'n ei fynychu. Capel y bobl dduon, ar y llaw arall, yw Witherspoon Street, ac mae'r stryd ei hun, bellach, yn ganolfan y bobl Ladinaidd-Fecsicanaidd. Sbaeneg yw ail iaith Princeton. Ni wn os yw'r capel yn darparu ar eu cyfer, ond mae demograffeg y dref, fel y wlad i gyd, yn newid yn gyflym.

Ond i ddychwelyd at Gynulleidfa Crist. Os yw'r cannoedd ar gannoedd ym mynychu eglwysi'r Presbyteriaid, yr Esgobyddwyr, y Pentecostaliaid a'r Pabyddion, rhyw griw bychan sy'n addoli yn y capel braf ar gyrion y dref. O ran ei enwad, mae'n cael ei rannu rhwng dau sef yr Annibynwyr – The United Churches of Christ – a'r Bedyddwyr, sef Confensiwn Bedyddwyr y Gogledd. Ni fûm yma yn ddigon hir, ac ni wn ddigon am yr hanes, i wybod a fu unrhyw densiynau ynghlwm wrth yr uno. Yr argraff a gaf yw na fu. Mae'r gymdeithas yn felys, ac mae'n amlwg fod gan y gynulleidfa feddwl y byd o'u gweinidog a chryn gonsyrn am ei gilydd. Mae gweddïo dros ei gilydd, wrth eu henwau gan restru anghenion penodol, gofidiau a thestunau llawenydd, yn rhan o litwrgi yr oedfaon. Mae'n rhaid i bobl adnabod ei gilydd yn dda i wneud hynny, ac ymddiried yn ei gilydd hefyd. Ac mae'r bobl yma wedi croesawu Ann fy ngwraig a minnau i'w plith yn wresog ac yn ein hystyried bellach yn deulu. 'Comparisons are odious' meddai rhywun – Milton rwy'n credu – ac nid wyf yn mynd i ddechrau cymharu'r lle hwn â Phenuel, Bangor! Nid cymharu sy'n bwysig ond llawenhau yn y ffaith fod eglwys yr Arglwydd Iesu gyfled â'r ddaear lydan, a bod cymdeithas yn yr efengyl yn ffaith ym Mangor ac yn Princeton hefyd.

O ran athrawiaeth mae'r United Churches of Christ yn fwy rhyddfrydol o ran naws nag Undeb yr Annibynwyr Cymraeg, ac mae Cynulleidfa Crist yn agored ac yn gynhwysol. Mae Bedyddwyr y Gogledd yn fwy efengylaidd a chenhadol ac mae'r cyfuniad i'w weld yn amlwg yn y gynulleidfa fach hon. Dyma eglwys sy'n radicalaidd o ran ei phwyslais cymdeithasol, yn weddïgar, yn rhoi cryn feddwl i mewn i'w haddoli, ac, er ei bod hi'n fechan, yn cymryd cenhadu o ddifrif hefyd. Gwn fod yna ddyhead gan lawer yng Nghymru fach am fynd heibio i'r hen begynnu di-fudd a charfanu dibwrpas. Onid oes yma fodel ar ein cyfer ni? Un eglwys yn perthyn i ddau enwad sy'n cyfuno'r gorau yn y ddau? Efallai mai fi sy'n rhamantu.

Ann Morgan, gyda phapur pleidleisio Barack Obama, etholiad 2008

Gwener 7 Tachwedd 2008

Bore Mawrth diwethaf chwaraeais ran mewn hanes. Bore'r etholiad oedd hi yn y wlad hon, a chefais fwrw pleidlais i Barack Obama, arlywydd croenddu cyntaf yr Unol Daleithiau. Sut felly, meddech chi? Trwy un o gwirciau hanes, mae gen i basport Americanaidd yn ogystal ag un Prydeinig, ac er na fanteisiais ar fy ninasyddiaeth Americanaidd ers degawdau lawer, y tro hwn bu rhaid. O aros yma am fwy na thri mis, mynnodd yr awdurdodau fy mod yn adfer fy ninasyddiaeth felly deuthum i mewn i'r wlad yng nghanol Gorffennaf nid fel Prydeiniwr ond fel Americaniad. Prin bod etholiad mis Tachwedd ar fy meddwl y pryd hynny, ond wedi cyrraedd y wlad a synhwyro'r ysbryd o ddisgwyliad, gwawriodd y ffaith fod gen i hawl i bleidleisio (ac i dalu trethi hefyd!). Wedi byw yma am ddeufis, cofrestrais fel Democrat a daeth y papurau pleidleisio maes o law. Ac yn blygeiniol fore Mawrth diwethaf euthum i lawr i'r ysgol eilradd ar Witherspoon Street a gwasgu'r botwm yn ymyl enwau Barack Obama a'i ddirprwy, Joe Biden.

Roedd yr ymdeimlad fod hanes ar fin cael ei wneud yn llethol. Yn un peth roedd brodorion duon y dref hon yno yn drwch. Yn Princeton ganed y canwr a'r actor Paul Robeson, cyfaill glowyr De Cymru yn nhridegau'r ganrif o'r blaen, gŵr a erlidiwyd adeg y Seneddwr Joe McCarthy ac a ffieiddiwyd gan y sawl a oedd mewn grym. Trigain mlynedd yn ddiweddarach synhwyrodd cymuned Paul Robeson a'i debyg eu bod o fewn trwch y blewyn o newid America am byth. Roedd trydan yn yr awyr, yn gymysg â gofid ac â gobaith. Da oedd cael bod yno.

Roedd yr argoelion trwy gydol Dydd Mawrth mai Obama a fyddai'n ennill, ond rhag cael eu siomi, doedd neb am ddweud dim. Ceisiodd John McCain a'i ddirprwy annisgwyl Ms Palin daflu baw hyd at yr oriau diwethaf: fod eu gwrthwynebydd yn annheyrngar, yn wrth-Americanaidd, yr radical, yn gomiwnydd, yn Fwslim ac yn y blaen, ond doedd y peth ddim yn cydio. Roedd hi fel taflu peli sbwng: doedden nhw ddim yn gadel eu hôl. Yr unig bobl oedd yn gwrando oedd gwynion canol oed a hŷn a oedd â'u rhagfarnau hiliol yn drech na'u synnwyr. Ac roedden nhw yn mynd yn llai ac yn llai. Ac yna, gyda'r noswaith, o wylio'r canlyniadau yn cael eu cyhoeddi gan bwyll: chwech o'r gloch, saith o'r gloch, wyth, naw, deg, digwyddodd yr anorfod o flaen ein llygaid. Syrthiodd Florida i Obama, Pennsylvania poblog – lle bu'r Cymry yn byw, yn Scranton, Wilkes-barre ac ardaloedd y glo carreg – Ohio sef fy nhalaith enedigol i, ac yno roedd popeth ar ben. Ar drawiad un-ar-ddeg-o'r gloch, gyda'r pleidleisiau oll wedi'u cyfrif, cyhoeddwyd y canlyniad syfrdanol er disgwyliedig: bod daeargryn wedi digwydd, bod y Gweriniaethwyr wedi eu sgubo allan o'r Senedd ac o Dŷ y Cynrychiolwyr, bod wyth mlynedd o deyrnasiad truenus George Bush ar fin darfod a bod cyfnod newydd wedi gwawrio. Roedd araith ildio y Seneddwr McCain yn rasol ac yn anrhydeddus. Y trueni yw na thrawodd y nodyn hwnnw yn amlach yn ei ymgyrch. Ac yna o lwyfan ym Mharc Grant yn Chicago, gydag araith osgeiddig yn nhraddodiad Abraham Lincoln a Martin Luther King, cadarnhaodd Obama y llwyddiant. Unodd y byd yng ngorfoledd y degau o filoedd a oedd yno, ac nid Jesse Jackson oedd yr unig un i ollwng dagrau.

Dyw America ddim eto wedi sylweddoli beth yn union y mae hi wedi gwneud. Gollyngdod, syndod a gorfoledd – gorfoledd ysgubol ymhlith y duon a bleidleisiodd yn eu miliynau – oedd yr ymdeimlad mwyaf cyffredin fore Mercher a Dydd Iau. Ydi'r peth yn wir, neu a ydym yn gwynfydu? A fyddwn yn deffro o freuddwyd a gweld mai McCain yw'r arlywydd wedi'r cwbl? Mi fydd yr ewfforia yn diflannu cyn hir, ac nid drwg o beth fydd hynny. Er nad meseia mo Obama ond meidrolyn fel chi a fi, mae ganddo'r gallu ymenyddol, y soffistigeiddrwydd politicaidd, y crebwyll economaidd, y gwytnwch personoliaeth a thymer wastad i fod yn arlywydd effeithiol ac nid hwyrach yn un gwirioneddol fawr. Mae ei ddyfodiad ef a'i deulu i'r Tŷ Gwyn yn chwa, yn gorwynt yn wir, o awel iach.

Dyma'r eildro i mi fod yn y wlad hon ar adeg ddramatig a thyngedfennol. Y misoedd yn dilyn yr 11eg o Fedi 2001 – '9/11' – oedd y tro cyntaf, lle bûm yn rhannu fel dieithryn drawma, gofid a thristwch cenedl yn ei galar. Fy mraint annisgwyl y tro hwn yw cael rhannu yn ei gorfoledd. A gallaf ddweud wrth yr wyrion, trwy wasgu botwm i mi chwarae rhan fechan, fechan, fechan mewn creu hanes.

Llun 17 Tachwedd 2008

Fel rhan o fy ngwaith ymchwil yn y lle hwn, rwyf wedi bod yn astudio peth o ddatblygiad hanes crefydd ym Mhrydain yn y 1950au a'r 1960au, ac un o'r llyfrau a ddeuthum ar ei draws yw *The Story of a Storm* gan ŵr o'r enw Risto Letonen, un o'r Ffindir, a fu'n flaenllaw ym mudiad rhyngwladol y myfyrwyr ar y pryd. Hanes yr SCM ydyw, sef Mudiad Cristionogol y Myfyrwyr, a fu'n hynod ddylanwadol trwy gydol rhan gyntaf yr ugeinfed ganrif ond a ddiflannodd, ysywaeth, yn y 1960au. Mewn cyfrol debyg gan un o'r enw Robin Boyd, *The Witness of the Student Christian Movement: Church ahead of the Church* (2007), caiff yr un stori ei hadrodd o safbwynt Prydeinig. Mae rhywfaint o drasiedi yn yr hanes, a chan fod y peth mor ingol credaf y dylem feddwl am ei bwysigrwydd a'i arwyddocâd.

Ffrwyth ymchwydd mawr ysbrydol Oes Victoria oedd Mudiad Cristionogol y Myfyrwyr, a'r awydd a'r angen i genhadu mewn cyfnod pan oedd yr eglwys, fel y gwareiddiad cyfan, ar gynnydd. Roedd hi'n naturiol iddo gael ei ddylanwadu gan y syniadau am ddatblygiad ac esblygiad oedd yn boblogaidd ar y pryd, ac aeth y pwyslais Cristionogol law yn llaw â bod yn agored i wyddoniaeth, beirniadaeth feiblaidd, y diwylliant cyfoes ac yn y blaen. Cafwyd adwaith yn ei erbyn yn y 1920au gyda ffurfio'r IVF, yr Inter-Varsity Fellowship (enw sy'n ein taro'n hynod elitaidd erbyn hyn), mudiad mwy cyfyng ei apêl a'i bwyslais ar dröedigaeth bersonol, anffaeledigrwydd yr Ysgrythurau ac athrawiaeth yr iawn, ac am ennyd yn y 1930au roedd cryn densiwn rhwng y ddau fudiad. Ond erbyn y 1940au a'r 1950, dan ddylanwad yr adfywiad mewn diwinyddiaeth feiblaidd a syniadaeth disgyblion Karl Barth, Emil Brunner, Reinhold Niebuhr ac yn y blaen, adenillodd yr SCM lawer o'i sêl efengylaidd a'i ddifrifoldeb athrawiaethol, a llwyddodd i ddwyn

84

cyfanrwydd i'r dystiolaeth Gristionogol o'r newydd. Nid oedd hi'n syndod fod pobl fel yr ysgolhaig beiblaidd F. F. Bruce a'r diwinydd T. F. Torrance – enwau hysbys i mi pan oeddwn yn fyfyriwr ym Mangor yn y 1970au – yn medru, pan yn fyfyrwyr, perthyn i'r ddau fudiad heb deimlo unrhyw anesmwythyd, ac i wŷr o ysbryd trwyadl efengylaidd fel Lesslie Newbigin a Stephen Neill fod yn gartrefol nid yn yr IVF ond yn yr SCM a chyflawni eu cenhadaeth yno.

Ond erbyn y 1960au aeth popeth o chwith. Degawd y seciwlar oedd y 1960au, ac yn sydyn ac yn ddisymwth ysgubwyd ymaith yr hen argyhoeddiadau a daethpwyd i gredu nad oedd dyfodol i'r eglwys draddodiadol mwyach. Roedd Duw bellach ar gael nid yn yr eglwys ond yn y byd, ac roedd addoli, gweddïo a'r ochr ddefosiynol i Gristionogaeth yn *passé*; gweithredu cymdeithasol oedd pob dim. Gwelwyd yr ideoleg hon yn cydio yng Nghyngor Eglwysi'r Byd o'i gynhadledd yn New Dehli yn yr India yn 1961 ymlaen, er mawr ofid i'r arweinwyr gwreiddiol fel Visser't Hooft, D. T. Niles, Lesslie Newbigin ac yn y blaen. (O wybod mwy am hyn darllener hunangofiant cyfareddol y Parchg Erastus Jones, *Croesi Ffiniau: Gyda'r Eglwys yn y Byd*). Roedd y sylwedd beiblaidd, y pwyslais ar ffydd bersonol yng Nghrist a'i arglwyddiaeth, a'r eglwys fel cyfrwng achubiaeth i'r byd yn ildio i rywbeth arall, sef, gan ddyfynnu, 'a radical form of participatory ecumenism, anti-academia, anti-intellectual, anti-institutional' a bron na ddywedwn yn wrth-Gristionogol hefyd. A digwyddodd y peth dros nos megis.

Pam, tybed, y bu'r cwymp mor ddisymwth a'r 'storm', chwedl Risto Letonen, mor ffyrnig? Pan gyrhaeddais i Goleg Bangor yn nechrau'r 1970au, doedd yr SCM ddim yn bod. Ar wahân i Gyfarfodydd Bala-Bangor a gynhaliwyd bob nos Sul am hanner awr wedi wyth, yr unig fforwm ar gyfer Cristionogaeth oedd yr 'Undeb Cristionogol', sef yr IVF. Y canlyniad oedd mai un teip o Gristionogaeth oedd yr unig un posibl i fy nghenhedlaeth i, tra bod y math o gymhathu iachus rhwng y beiblaidd a'r cymdeithasol, y cenhadol a'r eciwmenaidd a nodweddodd yr SCM ym mlynyddoedd ei ffyniant y tu allan i'n dirnadaeth. Roedd bod yn 'efengylaidd' ac yn 'eciwmenaidd' yn wrthddywediad, ac er na wyddem fawr ddim am yr hanes – darllener eto *Croesi Ffiniau* am y manylion – roedd y pegynnu trasig wedi caregu yn ffaith. Mae hi wedi cymryd cenhedlaeth a mwy i ddod o hyd i ryw fath o gyfanrwydd eto, ac i bobl ganoli ar yr hyn sydd ganddynt yn gyffredin ar sail y Testament Newydd ac nid ar yr hyn sy'n eu rhannu. Tybed a ydym wedi cyrraedd eto?

Gwener 28 Tachwedd 2008

Mae'n ŵyl Ddiolchgarwch yma, ac rwyf newydd ddod nôl o ddinas Boston. Mae fy ngwraig Ann wedi dychwelyd i Gymru erbyn hyn, wedi treulio tri mis gyda'r gorau a gafodd ers blynyddoedd, gan adael i mi geisio dwyn fy ngwaith ymchwil i ben. Mynd i Boston ar gyfer cynhadledd flynyddol y Society for Biblical Literature, cymdeithas ryngwladol yr academyddion beiblaidd, a wnes, ac yn ogystal â mynychu rhai o'r sesiynau – y rhai ar ddiwinyddiaeth Karl Barth ac ar gyfraniad yr Albanwr, y diweddar T. F. Torrance – mynd i gyfarfod â fy nghydweithwyr o Fangor oedd y bwriad (neu'r esgus!). Cefais dridau ardderchog os cyllellog o oer yng nghwmni Eryl Wynn Davies, Catrin Williams a Robert Pope, a chyfle i glywed y diweddaraf o Fangor ac i glebran yn ddi-baid yn Gymraeg. 'Welsh in Boston? Who else but the Bangor crowd' oedd ymateb Athro Astudiaethau Beiblaidd prifysgol Sheffield o'n clywed yn sgwrsio ar y coridor y tu allan i'r neuadd ymgynnull. Ar ôl i Robert Pope draddodi papur yn un o'r sesiynau, aethom am daith o gwmpas y ddinas ac o dan yr afon i Cambridge,

Massachussets – a oedd yn briodol iawn gan i'r tri arall gael peth o'u haddysg yn y Caergrawnt wreiddiol yn yr 'hen' Loegr – a mynd i weld prifysgol Harvard. Gwelsom 'gofgolofn y tair celwydd' ar Iard Harvard, sef cofgolofn hardd i John Harvard, y Piwritan Seisnig y galwyd y brifysgol ar ei ôl. Y tair celwydd oedd y dyddiad, y teitl a'r gerfddelw ei hun. Nid 1638 oedd dyddiad sefydlu'r brifysgol, er y dywedir hynny ar y gofgolofn; nid John Harvard oedd y sylfaenydd er i'r brifysgol gael ei galw ar ei ôl; ac nid delw ohono ef mo'r ddelw ond un a wnaed ar sail darlun o rywun arall. Byddwch yn meddwl y gallai pobl prifysgol gael eu ffeithiau yn gywir! Fodd bynnag, roedd hi'n dda eu gweld nhw a chael saib yng nghanol y cynadledda academaidd.

Ac yna dod nôl i ddathlu Gŵyl Ddiolchgarwch. Mae'r ŵyl yn achlysur o gryn bwys yn yr Unol Daleithiau, yn bwysicach o lawer nac yn ein gwlad ni. Mae'n dyddio nôl i gyfnod y Tadau Perererin, sef yr Ymwahanwyr Piwritanaidd a ddaeth i America yn 1621 ar long y Mayflower er mwyn osgoi erledigaeth grefyddol yn Lloegr. Wedi cyrraedd arfordir Massachusetts – er mai anelu am Virginia, gannoedd o filltiroedd i'r de oedd eu nod – glanient, ac ar ôl y flwyddyn gyntaf o ymlafnio'n galed a cheisio ymgartrefu, dathlent eu dyfodiad trwy gael gwledd fawr. Bu rhaid aros tan ar ôl y Gwrthryfel Annibyniaeth ganrif a hanner yn ddiweddarach i droi'r dathliad lleol hwnnw yn un cenedlaethol, a'r Arlywydd George Washington a ddyfarnodd mai'r Dydd Iau olaf ym mis Tachwedd fyddai dyddiad yr ŵyl genedlaethol flynyddol. Mae'n gymaint achlysur â'r Nadolig ond yn llai masnachol ei naws, gyda theuluoedd yn teithio'n bell iawn i ddod ynghyd, a phawb yn bwyta'u twrci o gwmpas y bwrdd. Bod yn ddiolchgar yw'r thema fawr, yn ddiolchgar am fendithion y flwyddyn, a meddwl am rai sy'n amddifad o'r breintiau hynny. Ni allwn beidio â meddwl am y digartref, yn arbennig gŵr yn ei dridegau a'i fab dengmlwydd oed a oedd yn begera ar y stryd yn Boston pan oeddwn yno. Roedd hi'n arctig o oer yno, a'r ddau heb gartref i fynd iddo. Ni wn sut y bu iddynt gyrraedd yr anffawd hwnnw, ond does dim amheuaeth bod miloedd yn yr un cyflwr â nhw. A chyda'r economi fel y mae, bydd mwy eto yn yr un stad maes o law.

Ac Ann wedi gadael, fe wahoddwyd y tri 'gŵr gweddw' yn ein cymuned i ddathlu'r ŵyl yng nghwmni teulu o'n cymdogion. Felly aeth Clive o Seland Newydd, Wim o'r Iseldiroedd a minnau at ein cyfaill George Hunsberger a Kathy ei wraig i fwyta'n gwala o dwrci a pecan pie. Un o Miami, Florida, yw George ond yn byw ers blynyddoedd yn Holland, Michigan, lle mae'n hyfforddi gweinidogion yn enwad yr Eglwys Ddiwygiedig ac yn dysgu diwinyddiaeth fugeiliol a chenhadol yn y coleg yno. Brwd oedd y clebran o gwmpas y bwrdd, gydag ymdeimlad o optimistiaeth dawel ynghylch y dyfodol er gwaethaf y ffaith fod yr economi mor fregus a chyflwr y byd mor argyfyngus. (Roeddem newydd glywed am yr ymosodiadau erchyll ym Mumbai yn yr India). Gydag arlywyddiaeth aneffeithiol George Bush yn araf ddirwyn i ben, mae pawb yn awyddus i weld cyfnod newydd, mwy gobeithiol, yn dechrau. Sy'n gadael tua mis arall i mi fod yma. Yna'r Nadolig a minnau nôl, os byw ac iach, yn yr hen wlad.

Sul 7 Rhagfyr 2008

Pan ddeffrais y bore 'ma roedd yr eira yn drwch ar lawr. Rhwng y tywydd o'r Arctig a gafwyd yn Boston bythefnos yn ôl a'r eira heddiw mae'r gaeaf wedi dod yn gynnar. Bellach rwyf wedi profi tri o dymhorau'r flwyddyn yn y wlad hon: gwres trofannol pan gyrhaeddodd Iwan, fy mab a finnau nôl ym mis Gorffennaf a ninnau'n crwydro'r Deheubarth ac yn profi 'Blas Virginia'; yna'r hydref pan newidiodd lliw'r dail a rhoi sioe gyda'r harddaf a welwyd erioed; ac yna yn awr oerni'r gaeaf. Roedd y goedlan hardd lle mae fy llety yn drwchus a glas bedwar mis yn ôl, gyda chôr y wig yn ein diddanu gyda'i sain beraidd, a'r anifeiliaid, y gwiwerod a'r cwningod a phob math o bethau eraill yn cadw cwmni â ni yn ddi-baid. Mae'r coed bellach yn noeth a'r awyr, er yn las, yn ddistaw. Byddaf yn meddwl am y gân hynafol honno o'r wythfed ganrif, 'Y Ddeiḷen Hon', a'r crynhoad arswydus sydd ynddi o dynged y ddynoliaeth: 'Hi hen, eleni ganed'. Mae'r rhamantydd Crwys yn fwy difyr o lawer gyda'i 'Ddysgub y Dail'. O syllu ar y twmpathau o ddail sydd wedi'u hysgubo i ymyl yr heolydd yma, gallwn feddwl am yr hen ddyn yn y gân a fydd yntau, erbyn yr hydref nesaf, gyda'r dail. Gobeithio nad dyna fydd fy nhynged innau, am y tro o leiaf!

Rwy'n dechrau meddwl yn nhermau terfynu fy ngwaith yma yn Princeton. Bythefnos sy gen i i fynd, ac yna nôl i Gymru amdani. Bydd hi'n braf cael gweld y teulu, er bod rhyfeddodau technoleg a'r 'Sgeip' (sef y teleffon gweledol ar sgrin y cyfrifiadur) wedi golygu ein bod wedi medru gweld ein gilydd yn ogystal â siarad â'n gilydd gydol fy amser i yma. Y Sul diwethaf gofynnwyd i mi ddweud rhywbeth yn y capel am grefydd yng Nghymru. Yr awr yn dilyn yr oedfa oedd hi, rhwng 11 a 12 o'r gloch, a chymerais y cyfle gyda chymorth y PowerPoint i olrhain hanes Cristionogaeth o ddyddiau Dewi Sant ymlaen. (Roedd hi'n gyfle hefyd i mi geisio gwerthu fy nghyfrol *Wales and the Word* a gyhoeddwyd gan wasg Prifysgol Cymru ym mis Awst pan oeddwn eisoes yn y wlad hon!). Mae'n rhyfedd pa mor anwybodus yw pobl am Gymru, er bod Iwerddon a'r Alban yn hysbys i lawer. Byddaf yn meddwl yn aml mai cenedl anweledig ydym. Roedd y gwrando, fodd bynnag, yn astud a'r cwestiynau yn ddeallus. Daeth cyfaill i mi o'r Ganolfan Ymchwil, sef George Hunsberger, i wrando ar yr roedd gennyf i'w ddweud, a chreodd y gwmnïaeth yn yr oedfa gryn argraff arno. Un o'r pethau sydd wedi fy nghyfoethogi yn ystod fy arhosiad yw ansawdd y bywyd ysbrydol yng nghynulleidfa fechan 'Christ's Congregation' – 'Cynulleidfa Crist'.

Neithiwr fe'n gwahoddwyd ni i gyd i dŷ prifathro'r Athrofa Ddiwinyddol. Sgotyn yw Iain Torrance, mab y diwinydd enwog T. F. Torrance, ac fel ei dad o'i flaen mae'n gyn-gymedrolwr Eglwys yr Alban. Bu'n weinidog plwyf yn yr Orkneys, ond gallwn dybio fod gwahaniaeth mawr rhwng moethusrwydd cartref y prifathro yn Princeton a mans ar ynys bellennig rhwng yr Alban a Denmarc. Ymhlith y rhai oedd yno oedd gweinidog ifanc o Eglwys Bresbyteraidd (neu Ddiwygiedig) Hwngari a oedd wedi blasu erledigaeth o dan yr unben Chauchescu yn Romania. O'i holi, cawsom glywed ganddo am yr hanes yn 1989 pan wrthododd cynulleidfa'r Eglwys Bresbyteraidd yn nhre fechan Timisoara ildio i ormes y llywodraeth. Ac o'r brotest fechan honno lledodd ysbryd y gwrthryfel trwy'r genedl gyfan gan arwain, ymhen chwe wythnos, at gwymp Chauchescu ac adferiad rhyddid i'r bobl. Enw'r gweinidog cynulleidfa Timisoara yn 1989 oedd Laszlo Tokes, sydd bellach yn esgob (yn ôl trefn Eglwys Galfinaidd Hwngari yn Romania), ac roedd ei arweinyddiaeth yntau yn arwrol ar y pryd. Roedd hi'n enghraifft o'r ffaith fod Cristionogaeth yn medru bod yn rym iachusol mewn gwlad dotalitaraidd, a bod realiti'r efengyl yn mynd i lwyddo maes o law yn erbyn teyrnasoedd y byd hwn. (Os medrwch, darllenwch hanes Tokes *With God and for the People* [1992] sy'n disgrifio'r hyn a ddigwyddodd, a lle'r eglwys a'r ddiwinyddiaeth radicalaidd Galfinaidd yn yr hanes). Pan fo crefydd America yn tueddu i gefnogi'r statws quo, dyma dystiolaeth un gynulleidfa fod crefydd yn medru dymchwel teyrnasoedd hefyd.

Pythefnos sy gen i yma eto. Bydd un erthygl arall yn crynhoi f'argraffiadau o'r wlad hon wrth ddwyn 'Paced Princeton' i ben'.

Ffarwel i Princeton, yr awdur ac Iwan Morgan, Neuadd Nassau,
Prifysgol Princeton

Gwener 12 Rhagfyr 2008

Bellach daeth hi'n amser ymadael. Bûm yma er canol Gorffennaf ac yn Princeton ei hun er dechrau Awst. Bu'n gyfnod hynod gyffrous yn America o ran ei gwleidyddiaeth, ac yn drobwynt, dybiwn i, yn hanes rhan gyntaf yr unfed ganrif ar hugain. Pa argraffiadau fydd gen i yn dod nôl?

Creodd ymgyrch etholiad Barack Obama ddrama ac ysbrydiaeth o'r cychwyn. Er mai 'No drama Obama' oedd yn cael ei ddweud gan mor ddisgybledig a digynnwrf oedd y dyn ei hun, ac mor drefnus oedd ei ymgyrch, roedd yr holl beth yn gwbl, gwbl hynod. Dyma i chi ddyn du â hanes rhyfeddol ganddo: yn fab i ŵr a aned mewn pentref yn Kenya a gwraig anghyffredin, groenwyn. Ei fagu gan ei fam a'i dad-cu a'i fam-gu, a manteisio ar gyfle addysgol a'i gyrrodd i'r brig. Yn wahanol i'r rhan fwyaf o bobl America, mae'n medru edrych ar y wlad o'r tu allan, yn ddaearyddol – Indonesia a Kenya – ac yn seicolegol. A bydd hynny yn gwneud lles y byd. A does dim amheuaeth fod ei wraig, a raddiodd yma yn Princeton, yr un mor ryfeddol, a bod ei hanes hi yn adlewyrchu profiad yr Americaniaid croenddu mewn ffordd fwy pendant fyth. Deugain mlynedd yn ôl ni chaent fwrw pleidlais yn rhai o daleithiau'r De, ac yn awr dyma nhw yn paratoi i fynd i'r Tŷ Gwyn. Ni fydd hi ddim yn rhwydd. Mae'r corwynt economaidd wedi taro'r wlad hon eisoes a bydd angen dycnwch, doethineb a galluoedd arweinyddol y tu hwnt i'r cyffredin. Ond mae'r bobl o'i blaid, ac mae hyd yn oed y Gweriniaethwyr cymedrol yn uno i'w gefnogi. Adferwyd gobaith ymhlith y bobl, ac mae'r byd i gyd yn edrych ymlaen yn ddisgwylgar i weld pa beth a ddaw.

Un o'r pethau anghyffredin – a gwych – ynghylch y wlad hon yw'r ffaith ei bod hi, er gwaethaf ei beiau i gyd, yn wlad lle mae crefydd yn cael ei mawrygu a chrefyddwyr yn cael eu parchu. Nid nad oes problemau ynglŷn â hynny – 'Gwlad grefyddol gysurus oedd hi...' fel y soniodd Gwenallt am ei Gymru yntau, Cymru sydd bellach wedi diflannu – a soniwyd am beryglon hyn yn y llithiau o'r blaen. Ond o gymharu'r secwlariaeth galed a'r atheistiaeth agored sydd bellach yn norm ym Mhrydian, mae'r ffaith fod crefydd yn ffactor ganolog yma o hyd yn beth amheuthun, i rywun fel fi fodd bynnag. Nid wyf yn edrych ymlaen at ddychwelyd at baganiaeth Cymru beth bynnag wrth ddychwelyd i Gymru ei hun.

Mae buddugoliaeth Obama wedi rhoi ergyd galed, angheuol gobeithio, i'r Adain Dde Grefyddol sydd yma. Un o'u harwresau yw Sarah Palin. Mae'r enwau a fu gynt yn sgrechlyd ac yn groch yn eu plith: James Dobson, Pat Robinson, Jerry Falwell (cyn ei farw tua blwyddyn a mwy yn ôl), Richard Land (a fu'n gyd-fyfyriwr â mi, ysywaeth, yng Ngholeg Regent's Park, Rhydychen, ddegawdau yn ôl), wedi tawelu. Ni fu'r ieuo rhwng gwleidyddiaeth gulfarn, adweithiol, or-geidwadol, or-genedlaetholgar â'u dehongliad nhw o'r Ffydd Gristionogol yn beth hapus o gwbl, a thuedd eu harweinwyr oedd cyfystyru'r wleidyddiaeth honno â chrefydd y Beibl. Ond mae ffenomen Obama wedi codi marc cwestiwn enbyd yn erbyn y ffwndamentaliaeth annymunol hon ac wedi agor llwybr at gyfnod newydd sy'n dwyn ar gof arlywyddiaeth Jimmy Carter yn y 1970au pan oedd ffydd gynnes, efengylaidd yn cydweddu â gwleidyddiaeth ryddfrydig a blaengar. Mae'r rhai ohonom sy'n dal i arddel gwerthoedd Ymneilltuaeth radicalaidd Gymreig yn medru teimlo ganwaith yn esmwythach yn America Obama nac yn America ryfelgar George W. Bush.

A beth am Princeton ei hun? Cofiaf i mi ysgrifennu yn 'Llythyr o America' y tro o'r blaen – sef diwedd 2001 – fod bywyd y Coleg Diwinyddol yn ffynnu gyda diddordeb ysol ymhlith y darpar weinidogion, a gweinidogesau, mewn archwilio gwaith y diwinyddion clasuron: Awstin Fawr, John Calvin a Karl Barth. Yr argraff a gaf y tro hwn yw bod y diddordeb mewn diwinyddiaeth gyfundrefnol wedi pallu, braidd, a mwy o lawer o ymwneud â chymhwyso crefydd at sefyllfaoedd cyfoes. Diwinyddiaeth ymarferol piau hi mwyach, a mwy o sensitifrwydd at gwestiynau moesol newydd: ecoleg (wrth reswm), globaleiddio a materion ynghylch gender gan gynnwys cyfunrhywoliaeth ac yn y blaen. Diau y bydd y ffasiwn yn newid eto, ond ar hyn o bryd dyma sut mae pethau.

Bu'n anrhydedd cael bod yma, ac yn bleser cael rhannu'r sylwadau hyn a darllenwyr y 'Pedair Tudalen'. Erbyn i chi ddarllen rhain bydd yr ŵyl fawr drosodd. Felly bendith arnoch a blwyddyn newydd ddedwydd i chi i gyd.

Dwy gyfrol arall o ddiddordeb:

Cyfrolau Dr Jerry Hunter ar yr ymgyrchu ymysg y
Cymry yn erbyn Caethwasanaeth Americanaidd a'u
hymwneud yn Rhyfel Cartre America (DVD o'r
rhaglenni ar gael yn ogystal):
LLWCH CENHEDLOEDD £8.50
I DDEFFRO YSBRYD Y WLAD £9.95
www.carreg-gwalch.com